August Martenson

Der Elch

August Martenson

Der Elch

ISBN/EAN: 9783955620233

Auflage: 1

Erscheinungsjahr: 2013

Erscheinungsort: Bremen, Deutschland

bremen
university
press

Der Elch.

Von

A. Martenson.

Verfasser von: „Wald, Wild und Jagd in den russischen Ostseeprovinzen"
und von „Jagdbilder aus Rußland".

Mit 2 Vollbildern und 16 Tafeln.

J. Deubner.
Riga — Moskau.
1903.

Inhalt.

Vorwort.

In den Naturwissenschaften, namentlich auch in der Zoologie, gilt es noch immer, alte, Jahrhunderte lang überlieferte falsche Vorstellungen und naive Irrtümer auszumerzen, um an deren Stelle auf gewissenhafte Beobachtungen und sorgfältige Forschungen gegründete Angaben zu setzen.

Obgleich der Elch dem Menschen bereits seit Jahrtausenden bekannt ist und in der Gegenwart noch in Millionen von Exemplaren die Wälder der nördlichen Erdhälfte bewohnt, herrschen über ihn, seine Lebensweise und sein Vorkommen noch immer allerlei Fabeln und irrtümliche Vorstellungen. Die ersten einigermaßen zutreffenden Beschreibungen vom Elch haben J. Wigand in seiner „Historia alcis borussici" v. J. 1590 und der preußische Oberforstmeister F. v. Wangenheim in seiner 1795 erschienenen „Naturgeschichte des Preußisch-Litthauischen Elch-, Elen- oder Elendthieres" geliefert. Ueber das Vorkommen des Elches aber im großen russischen Reiche finden wir in der westländischen Litteratur kaum eine Andeutung. In dem Buche: „Thiere der Heimat" von A. und K. Müller v. J. 1882 lesen wir auf S. 99: „Als Standwild soll (!) das Elchwild in Rußland nur noch in der Bialowiecer Heide vorkommen," und „im östlichen Rußland ist sein Vorkommen nur noch ein vereinzeltes." In dem 1901 erschienenen Buche von Teuwsen „Fährten und Spuren" heißt es auf S. 42: „Der Elch kommt in Preußen und außerdem in Europa nur noch (!) in den russischen Ostseeprovinzen und Skandinavien vor." Ein gleiches verkündet F. Skowronnek in seinem 1901 gedruckten Buche „Die Jagd". Also Rußland, wo jährlich ein paar Hunderttausend Elche erlegt werden, spielt in Bezug auf dieses Wild gar keine Rolle?

Solche und ähnliche ärgerliche Irrtümer und Unkenntnisse nebst meiner Liebe zum Wilde haben mich bewogen, vorliegende monographische Studie über den Elch und die Jagd auf ihn zu

entworfen. Ich bin kein Zoologe im engern Sinn, sondern habe
diese Studie als Jäger für Jäger geschrieben. Alle Achtung vor
den Arbeiten der Herrn fachgelehrten Zoologen! Doch auch die
Arbeit der Jäger in der Tierwissenschaft verdient Anerkennung.
Wer anders als vornehmlich die Jäger versorgen die Zoologen und
Museen mit dem nötigen Material, wenigstens für gewisse Tier=
klassen? Aber der Jäger ist nicht blos ein Handlanger der Wissen=
schaft, sondern auch ein Mitarbeiter an ihr; er hat Gelegenheit,
Tiere und deren Lebensweise in der Freiheit zu beobachten, und
ihm vor allen verdanken wir unser Wissen in einem wichtigen Teile
der Tierkunde, in der Biologie und Psychologie gewisser Tierarten.

Leider muß ich hier bekennen, daß ich von den Herren in
meiner Heimat, den Ostseeprovinzen, also von den Jägern, Forst=
männern und Besitzern von Elchrevieren, ungeachtet meiner
öffentlichen Bitte, so gut wie gar kein Entgegenkommen bei meiner
Arbeit gefunden habe. Dagegen haben mich auswärts lebende
Personen durch ihre liebenswürdige Teilnahme zu Dank verpflichtet,
und erlaube ich mir, diesen Dank namentlich folgenden Herren hier
abzustatten: Präparator Th. Lorenz in Moskau, Oberjäger E. Bark
in Bjelowesch, den Zoologen O. Herz und E. Büchner in Peters=
burg, Fabrikdirektor H. Ilges ebenda, Oberförster M. Mueller in
Kurland, Dr. H. v. Kadich in Wien, Conservator W. v. Reichenau
in Mainz, Direktor des Zoologischen Gartens in New=York
W. T. Hornaday.

Nur zu sehr bin ich mir bewußt, wie flüchtig und lückenhaft
meine Arbeit ist; doch hoffe ich, daß sie Anregung zu weiteren
Beobachtungen und Forschungen über das prächtige Elchwild
bieten wird.

Zu den Zeichnungen in den angehängten Tafeln bemerke ich,
daß sie nicht schematischer Art, sondern nach vorhandenen Geweihen
entworfen sind.

In den Zeitbestimmungen ist überall der neue Kalenderstil
gemeint, wenn nicht ausdrücklich der alte hinzugefügt ist.

Livland, im August 1903.

Der Verfasser.

Naturgeschichte des Elches.

„Bud" im Lechelferschen Park bei Jurjew (Dorpat).

1. Die Cerviden.
Der Elch, seine Arten und Namen.

Unter der Gruppe der Huftiere hat die zur Ordnung der Wiederkäuer oder Zweihufer gezählte Familie der Hirsche von jeher durch ihre meist ansehnliche Körpergröße und ansprechende Gestalt, ihren Kopfschmuck, ihre geistige Befähigung und auch ihr treffliches Wildbret unsre Aufmerksamkeit auf sich gelenkt und eine große Anziehungskraft vornehmlich auf die Jäger ausgeübt. In der Gegenwart bilden die Huftiere zwar zwei durch deutliche Merkmale von einander geschiedene Untergruppen, die Dickhäuter (Pachydermata) und die Wiederkäuer (Ruminantia). Wie aber zahlreiche fossile Funde, namentlich Zahnreste, beweisen, bestanden in der Tertiärzeit und den ihr nächstfolgenden Epochen vielfache Mittelformen und Abstufungen zwischen diesen Untergruppen. Daß eine Uebergangsform zu den Hirschen einen Vierhufer vorgestellt haben muß, wird durch die Afterzehen der Hirsche angedeutet, welche als Rückbildungen aufzufassen sind.

Von den Naturforschern wird angenommen, daß der Urtypus der Cerviden eine Art Bisamhirsch ohne Geweihe, aber mit langen Eckzähnen oder Hauern, wie sie das Moschustier (Moschus moschiferus) noch jetzt aufweist, gewesen sei, eine Annahme freilich, die sich nicht auf paläontologische Beweisstücke stützen kann. Das Kennzeichnende der Hirschfamilie sind die Geweihe, welche nur zweien Arten, dem eben erwähnten Moschustier und dem Wasser=hirsch (Hydrelaphus inermis) fehlen, ferner die Tränendrüsen und

1

Tränengruben, welche dem Moschustier ebenfalls fehlen, weiter das
Fehlen der obern Schneidezähne, deren Keime jedoch im fötalen
Zustande nachweisbar sind, und schließlich die Rückbildung des
Mittelhandknochens oder metacarpus, davon bald nur die obern,
bald nur die untern Enden erkennbar sind.

Ueberreste von Säugetieren sind bereits in den Niederschlags=
schichten der Tertiärperiode, in welcher auch der Mensch entstanden
sein mag, gefunden worden, zunächst von Pflanzenfressern, und
unter diesen wiederum von Dickhäutern (Elefant, Rashorn, Schwein)
als der ältesten Gruppe, und alsdann in den späteren Schichten
der Miozän= und Pliozänzeiten neben Resten von Elephas=,
Rhinoceros= und Einhuferarten auch schon solche von Wiederkäuern.
Nach der Tertiärzeit traten die Eiszeiten ein, die sich durch niedrige
Temperatur und große Vergletscherungen kennzeichneten und von
wärmeren Perioden, den Interglazial=Zeiten, unterbrochen wurden.
Aus letzteren, welche wir zur Diluvialperiode der Quartärzeit
zu rechnen haben, stammen nun sicher nachgewiesene Reste von
Vielhufern und Raubtieren, als von Mammuts, Uralelefanten,
Rashörnern, Flußpferden, Wisenten, Riesenhirschen, Edel= und
Damhirschen, Rehen, Höhlenlöwen und Höhlenbären, und auch
vom Elch.

Aus jenen märchenhaft fernen Zeiträumen, von denen auch
die lebhafteste Fantasie keine zutreffenden Bilder zu entwerfen
vermag, hat sich der Elch neben wenigen seiner Zeitgenossen bis
in die Gegenwart, fast unverändert in Gestalt und Wesen, durch=
gekämpft und erhalten, ein Urbild weniger von anmutigem Bau,
wie solchen einige seiner Anverwandten besitzen, als von trotziger
Kraft und origineller Gestalt, und lebt noch vor unsern Augen in
Hunderttausenden, in Millionen von Individuen. Wahrlich ein
Tier, unsrer nähern Teilnahme und engern Betrachtung in jeder
Beziehung wert!

Als eine Stammform des Elches wird von einigen das aus=
gestorbene Siwatier erachtet, dessen Reste man in den Vorbergen
des Himalaya, den Siwalikhügeln, ausgegraben hat; sein Knochen=

bau erinnert zugleich an den des Elches und der Giraffe, und sein Geweih bildet eine Art Bündel von Sprossen.

Wenn nicht als Stammvater des heutigen Elchgeschlechts, so doch als eine längst ausgestorbene, deutlich abgegrenzte Art wäre der Breitstirn=Elch (Alces latifrons) anzusehen, dessen Reste man in Westeuropa, und zwar in England in der Grafschaft Norfolk und im westlichen Deutschland, gefunden hat. So beherbergt das naturhistorische Museum in Mainz eine Anzahl von Geweih= und Skeletteilen, die in der Nähe von Wiesbaden in den untersten Interglazial=Schichten über dem Taunus=Schotter, zusammen mit Resten von Elephas antiquus, Rhinoceros etruscus, Bison priscus, Equus caballus, Castor fiber u. a. gefunden worden sind, also der postpliozänen Zeit angehören. Es sind das u. a. ein ziemlich vollständiger Schädel mit dem zugehörigen unvollständigen Schaufelgeweih, ein paar einzelne Schaufeln und der Schädel eines jüngern Exemplars mit den Geweihstangen. Bei diesem Riesenelch näherten sich die Vordersprossen des Schaufelgeweihes vor der Stirn verhältnismäßig mehr einander als beim heutigen Elch und standen zu den Tragstangen im spitzen Winkel; letztere aber waren fast kreisrund, hatten über den Rosen bis 27 cm. Umfang und von der Rose bis zum Beginn der Schaufel die auffallende Länge von 40 bis 50 cm. (Tafel II, Nr. 4). Mit den großen Schaufeln und deren Sprossen muß die Gesamtauslage des Geweihes, über Stangen und Schädel gemessen, zwei bis zwei und einhalb Meter betragen haben. Die Breite des Stirnbeins mit den Rosenstöcken beträgt an dem erwähnten Schädel 27 cm., und die Dicke der Schädeldecke bei der Stirnwulst 5 cm. Entsprechend · diesem kolossalen Geweih war unzweifelhaft auch der ganze Knochenbau dieses Elches; so ist die Länge des Oberarmknochens (humerus), die der Speiche (radius) und des Mittelfußknochens (metatarsus) je 46 cm., während beim heutigen Elch diese Knochen nur 37 bis 40 cm. lang sind. Wir können daher sicher annehmen, daß der Breitstirn=Elch den heutigen um mindestens einen Fuß Rückenhöhe überragt hat, zum letztern also etwa im selben Größen=

verhältnis gestanden hat, wie der Riesenhirsch (Megacerus) zum
Rothirsch oder Wapiti, ferner, daß er sich auf Mooren oder in
Gras= und Schilfwäldern, und nicht im dichten Hochwalde, auf=
gehalten hat, wo ihn sein breites Geweih gehindert hätte. Dieses
imposante Wild wird wol von den zeitgenössischen, gewiß noch
unvollkommen ausgerüsteten Menschen, wenn der Mensch damals
überhaupt schon lebte, unbehelligt geblieben sein, und sein Eingehen
wird nicht dem Menschen, sondern gewissen physischen Ursachen,
verändertem Klima oder veränderter Vegetation, zuzuschreiben sein.
Oder aber er hat sich jenen Veränderungen allmählich angepaßt,
sein riesiges Geweih umgeformt und wurde ein Waldbewohner und
Ahnherr des heutigen Elches. War das der Fall, so dürften wir
mit einigem Recht annehmen, daß nicht Amerika, sondern Europa=
Asien das Stammland des Elchgeschlechts ist, und dieses sich aus
der alten Welt in die neue verbreitet hat. Solche Annahme hat
jedenfalls nichts Widersinniges an sich, es sei denn, daß künftige
fossile Funde in Amerika ein andres dartun. Die Frage übrigens,
ob des Elches Urheimat Amerika oder Europa=Asien gewesen ist,
und ob er aus ersterem Erdteil nach Asien oder umgekehrt aus
Asien sich nach Amerika verbreitet hat, wird schwerlich eine
befriedigende Antwort erhalten, und die darüber verlautbarten und
sich widersprechenden Ansichten haben nur hypothetischen Wert.
Daß aber einst eine Landverbindung zwischen diesen beiden
Kontinenten, und zwar wahrscheinlich im Behringsmeer, bestanden
hat und somit ein Hin= und Herwandern von Tieren möglich war,
daran dürfte kaum zu zweifeln sein. Dafür spricht unter andrem
die Tatsache, daß beide Kontinente eine ganze Anzahl von Tierarten,
namentlich auch von Säugern, gemeinsam besitzen, welche sich nur
durch geringfügige Merkmale von einander unterscheiden und eher
als geographische Varietäten, denn als besondere Spezies einer
Gattung aufzufassen wären. Es sei hier nur an das Eichhorn,
den Biber, den Nörz (amerikanisch Mink), den Wolf, den Bär,
den Luchs, den Dachs (amerik. Sandbär), den Fjällfras (Wolverene),
den Marder (Pekan), den Edelhirsch (Wapiti), das Ren (Karibu),

ben Wifent (Bifon) erinnert; auch der amerikanische Moschusochs war früher im Norden der alten Welt vorhanden.

Hier sei noch erwähnt, daß in Nord=Amerika W. B. Scott (f. Proceedings Acad. of Natur. Sciences of Philadelphia, 1885) eine ausgestorbene Zwischenform zwischen dem Elch und andern Hirscharten festgestellt hat, den Cervalces americanus oder Alces scotti, deffen Refte in Pleiftozän=Schichten entdeckt wurden. (S. Geweih, Tafel III, Nr. 5).

Von einzelnen Syftematikern (Richardfon, Baird u. a.) wird der amerikanische Elch, Moofedeer oder Original genannt, als befondere Art oder Varietät erachtet, während andere Forfcher, Linné, Buffon, Cuvier, Griffith, Ratzeburg, ihn als identifch mit dem Elch der alten Welt anfehen. Man fagt zwar allgemein, daß er durchfchnittlich einen ftärkern Körper, größere Schaufeln mit längern und mehr Enden und eine dunklere Haar= farbe habe als jener, und die Brunftlaute der Hirfche anders klingen follen, als die des europäifchen Elches; jedoch unterfcheidet er fich vom letzteren keineswegs im Knochenbau, in der Geftalt und in feiner Lebensweife. Auch die von Dr. Nehring=Berlin angeftellten ver= gleichenden Meffungen an Schädeln amerikanifcher und europäifcher Elche ergaben keine wefentlichen Unterfchiede. (S. Deutfche Jäger= Zeitung, Bd. 25, Nr. 42). Was aber die Verfchiedenheit der Brunftlaute bei beiden anlangt, muß man fragen, wer fie denn beide in der Wildnis gehört und mit einander verglichen hat, oder ob jemand die Brunftfchreie beider mit einem Phonographen auf= gefangen und uns zu Gehör gebracht hat? Nach allem haben wir daher das Moofedeer höchftens als eine geographifche Varietät und nicht als eine befondere Spezies aufzufaffen.

Ueber eine in der Neuzeit aufgeftellte Spaltung des Elches der alten Welt in zwei angebliche Arten werden wir in einem befonderen Abfchnitt verhandeln.

Begreiflich ift, daß ein fo in die Augen fallendes Tier, wie der Elch, von jedem Volke, das mit ihm in nähere Berührung gekommen, auch mit einem Eigennamen bedacht worden ift, felbft

auch von Völkern, denen alles, was von Kleinvögeln am Waffer
lebt „Schnepfe", jedes fußlofe langgestreckte Tier, wie die Blind=
schleiche, „Schlange" und jeder Tagraubvogel, auch der Wespen=
buffard, „Adler" oder „Habicht" ist. Die wissenschaftlichen Namen
des Elches sind: Cervus alces, Linné; Alces palmatus,
Blasius; Alces jubatus und Alces machlis, Ogilby.*)
Das Wort „Elch" entstammt wahrscheinlich der keltischen Sprache
und ist von den Altgriechen in alke=Stärke (oder bei Paufanias
— olke) verändert worden. Althochdeutsch heißt der Hirsch schelo
oder selo, die Kuh elaho oder elo, mittelhochdeutsch Schelch oder
Schelk und Elch oder Elk. Sonst werden im Deutschen auch „Elen"
(bei Luther: Elend), Moorhirsch oder Sumpfhirsch gebraucht.
Schwedisch heißt er elg; norwegisch=dänisch elsdyr, und als Kapital=
hirsch store ochs; englisch elk; französisch élan; polnisch los;
lettisch breedis; russisch=litthauisch briedis; lappländisch sarw oder
sörwa; finnisch und karelisch hirwi; estnisch pödder = Hirsch;
russisch lossj; sibirisch=russisch ssochàty (von ssochà = Hackenpflug
oder Gabelast); im Ural juschàk und waljùn; im nordöstlichen
europäischen Rußland die Elchkuh màtiza; samojedisch gaburta,
pjangha und pjaek; tscheremiffisch schorda; mordwinisch sardo
oder särda; wotjäkisch kòik oder ryik; syrjänisch kyberda und
jera; wogulisch aless, suos und wassu; ostjäkisch kurungwai
(= hochbeiniges Tier); tschuwassisch und tartarisch bulàn; basch=
kirisch blon; mongolisch und burätisch chandagài; tungusisch pejun;
jakutisch ulù-kyll; giljäkisch und orotschonisch tòki (Hirsch) und
indi (Kuh); goldisch toke; persisch giràn; chinesisch han-ta-han.

Die einzelnen Indianerstämme in Nord=Amerika haben ebenso
eigne Benennungen.

*) Anmerk. Die lateinischen Schriftsteller gebrauchen sowohl alce
(Genitiv alces oder alcae) als auch alces (Genitiv alcis); beide Wörter sind
ursprünglich weiblichen Geschlechts, später aber irrtümlich als Maskulina in
Gebrauch gelangt.

2. Körperbau, Gang, Stimme, Lebensalter.

Der Schädel des Elches besitzt am oberen Teile, im Vergleich zu dem anbrer Hirscharten, eine größere Breite, die mit zunehmendem Alter zu wachsen scheint, und beim Elchhirsch bilden die Stirnbeine eine starke Leiste. Die Ränder der Augenhöhlen sind stark und breit, das Nasenbein ziemlich kurz, die Nasenhöhlen groß, die Zwischen=kiefer lang und schmal. Wie bei anderen Wiederkäuern hat der Unterkiefer convexe Gelenkköpfe, welche in den nicht ganz geschlossenen Gelenkkapseln sitzen und auch eine seitliche, das Wiederkäuen unter=stützende Bewegung, das Mahlen, zulassen. Die Schädelmaße bei einem Hirsche wären etwa folgende: Basallänge (Rand des Hinter=hauptloches bis zur Vorderspitze des Zwischenkiefers) 50—55 cm.; Breite des Hinterhaupts 14—17 cm.; Augenhöhlenbreite 21—23 cm.; Länge des Unterkiefers 44—49 cm.; Durchmesser der Rosenstöcke 5—7 cm.; Länge der obern Backenzahnreihe 15—16 und der untern 16—17 cm. Drei von mir gemessene Hirschschädel aus verschiedenen Gegenden Rußlands ergaben in Centimetern:

	Zehnender aus dem Witebskischen Gouv.	Achtender aus dem Petersburger Gouv.	Achtender aus dem Jenissei-Gebiet (Sibirien).
Basallänge	50	51	53
Breite zwischen den Rosenstöcken . . .	18	19	21
Länge der obern Backen=zahnreihe	14,5	16,5	15
Länge der untern Backen=zahnreihe	15	17	16
Länge des Unterkiefers	44	45	46

Bei einem neugeborenen Kalbe betragen die Schädelmaße etwa: Basallänge 16 und Augenhöhlenbreite 8 cm.

Das Gebiß weist 32 Zähne auf (zwei weniger als beim Rothirsch), und zwar im Oberkiefer 12 Backenzähne und im Unterkiefer 8 Schneidezähne und 12 Backenzähne; es sind also keine Eckzähne oder Haken, und im Oberkiefer auch keine Schneidezähne vorhanden. Die Zahnformel wäre demnach: $\frac{3.3}{3.3} \frac{0}{0} \frac{0}{4} \times \frac{0}{4} \frac{0}{0} \frac{3.2}{3.3}$. Das Milchgebiß enthält nur 20 Zähne und die Zahnformel dafür wäre: $\frac{3}{3} \frac{0}{0} \frac{0}{4} \times \frac{0}{4} \frac{0}{0} \frac{3}{3}$. Beiläufig sei erwähnt, daß man das Milchgebiß eines Tieres als eine Erinnerung an das Gebiß einer Stammform ansieht.

Die Backenzähne sind höckerig und die je drei letzten haben je zwei Schmelzfalten, welche halbmondförmige Zahnteile umschließen. Im Alter werden die Zähne locker, stumpf, gelb und brüchig und fallen zum Teil aus. Durch die vielfach harte Aesung des Elches nutzen sich nicht nur die Kronenränder der Schneidezähne ab, sondern es bilden sich auch an ihren Außenseiten Schleifrinnen, besonders an den vordersten, sie bröckeln allmählich ab und werden im hohen Alter zu Stummeln. Nach den Untersuchungen des Professors Dr. H. Ritsche in Tharand vollzieht sich bei den Cerviden, also auch beim Elch, der Zahnwechsel anders als bei den Boviden, und zwar auffallend rasch; binnen wenigen Monaten werden zunächst die Schneidezähne gewechselt und dann erst die Backenzähne, und zwar die Schneidezähne beim männlichen Kalbe zur Zeit der Bildung des Erstlings-Geweihs, also im Alter von 8 bis 12 Monaten, die Backenzähne zur Zeit des zweiten Geweihs, also im Alter von 15 bis 16 Monaten.

Das übrige Skelett zeigt 7 Halswirbel (wie bei allen Säugetieren), 13 rippentragende Wirbel, 6 Lenden-, 4 Kreuzbein- und 7—10 Schwanzwirbel (von letzteren, wie's scheint, in der Jugend weniger als im Alter). Die Dornfortsätze der 8 ersten Rückenwirbel sind bis über 20 cm. lang. — Die Längenmaße der großen Laufknochen bei einem stärkeren Hirsche ergaben in cm.: Oberarm (humerus) 37; Speiche (radius) 39; Elle (ulna) 48; Mittelhandknochen (metacarpale) 33; Oberschenkel (femur) 44; Unterschenkel

(tibia) 45; Mittelfußknochen (metatarsale) 40. Von den Seiten=
knochen der Mittelhand oder des Metacarpus sind, wie auch beim
Reh, Moschustier, Wasserhirsch, Pudu u. a., nur die untern Enden
noch erkennbar.

In vielen Naturgeschichten ist gesagt, die Knochen und Zähne
des Elches besäßen eine besondere Härte und ein elfenbeinartiges
Gefüge; das ist eine Fabel, und seine Knochen sind nicht härter als
etwa Rindsknochen, eher noch brüchiger, und die Zähne zerbrechen
unter mäßigen Hammerschlägen.

Das Gehirn ist wohlausgebildet und gefurcht; die Wurzeln
der Geruchsnerven sind auffallend stark. Die große Zunge hat eine
ziemlich glatte Oberfläche. Der Magen oder Wanst besteht aus
vier Abteilungen, dem Pansen, Netzmagen, Blättermagen und Fett=
oder Labmagen. Die Leber ist von platter Gestalt und groß, etwa
33 cm. lang und 18 cm. breit. Eine Gallenblase ist nicht vor=
handen und die sich bildende Galle wird von dem Zwölffingerdarm
aufgenommen. Die Lungen sind mehrlappig.

An dem etwa 75 bis 80 cm. langen K o p f e fallen die 26 bis
29 cm. langen Ohren oder Lauscher und das Maul oder Geäse
auf. Die Lauscher sind breit, laufen nach oben spitz zu, stehen
etwas zur Seite und schlottern beim Trollen des Elches; wenn er
aber sichert und vernimmt, richten sie sich auf oder werden nach ver=
schiedenen Seiten gekehrt; außen sind sie dunkel behaart, innen
mit helleren grau=bräunlichen Haaren besetzt. Die über die Unter=
lippe hängende starke, knorpelige, gerunzelte und sehr bewegliche
Oberlippe erinnert in ihrer eckigen Form an die der Pferde; sie ist
wie beim Ren bis auf einen dreieckigen Fleck mit kurzen Haaren
bedeckt. Der Rachen ist weit aufsperrbar. Die Augen oder Lichter
sind mittelgroß, die Iris braun, die Pupillen oval und wagerecht,
die Tränengruben klein. Die großen und ovalen Nüstern oder
Windfänge sind auch innen mit feinen Haaren besetzt. Das Geweih
behandeln wir in einem besondern Kapitel.

Der Hals ist kurz, dick und sehr muskulös, der Rumpf ver=
hältnismäßig kurz und vorn höher gestellt als hinten. Ein auf=

fallendes Anhängsel des untern Halses oder der Kehle ist der
sogenannte B a r t des Elches, russisch sjerga, den beide Geschlechter
besitzen. Er ist beutelförmig, 15 bis 27 cm. lang, mit bis 15 cm.
langen straffen Haaren besetzt, und besteht scheinbar nur aus Häuten
und Haaren. Schon am jungen Kalbe zeigt sich an der Bartstelle
ein kleiner Hautzapfen; doch entwickelt sich der Bart vollständig erst
im zweiten oder dritten Jahre. Nach Angabe des Herrn Präparators Th. Lorenz in Moskau erreicht er zuweilen schon bei Kälbern
von 8 bis 9 Monaten bis 22 cm. Länge, verkürzt sich im spätern
Alter aber nicht selten, indem nach und nach ein Stück an der
Spitze brüchig wird und abfällt. Im höhern Alter wird er gewöhnlich breiter. Vom Barte aus ziehen sich unter dem Kopfe nach
dem Geäse zu in der Regel stärkere Haarbüschel hin. Die Untersuchung des 27 cm. langen Bartes einer mittelalten Elchkuh zeigte
folgendes. Der platte Kern oder Zapfen war 13 cm. lang, oben
3,5 cm., unten aber nur 1 cm. breit; im Durch- und Querschnitt
wies er ein dichtes weißes und feines Fasergewebe, aus dem die
dicht an einander gelagerten Haarwurzeln entsprangen. In seiner Mitte
zog sich der Länge nach ein feines Blutkanälchen hin. Am Grunde
oder dem obern dicken Ende war etwas feines Wollhaar, sonst aber
war der ganze Zapfen mit nach unten gerichtetem straffen und bis
15 cm. langen Grannenhaar dicht besetzt. — Ob der Bart ein
Rudiment, also ein verkümmertes Gebilde eines Organs vorstellt,
oder etwa ein primitives noch werdendes Organ, läßt sich schwerlich
durch anatomische Untersuchungen bestimmen. Vorläufig haben wir
ihn als eine Art Körperschmuck oder ein launenhaftes Gebilde der
Natur mit unbekanntem Zweck anzusehen. Uebrigens sei erwähnt,
daß das Rentier eine Art Kehlsack besitzt, der andern Cerviden fehlt.

Der W e d e l oder Schwanz des Elches ist nur 7—9 cm. lang,
auf der obern Seite mit glatten und dunklen Haaren, und an den
Seiten und unten mit hellern Haaren bedeckt. Die ca. 26—30 cm.
lange Brunstrute des Hirsches ruht in der ziemlich kurzen und gleich
dem Kurzwildbret oder den Hoden behaarten und mit einem Pinsel
versehenen Scheide. Pinsel, wie das nicht große Kurzwildbret fallen

aus einiger Entfernung wenig in's Auge, wodurch es dem Jäger erschwert wird, bei Kahlwild das Geschlecht anzusprechen. — Das Gesäuge der Kuh ist gewöhnlich auch nicht leicht zu bemerken; es liegt in der Weichengegend und hat vier Saugwarzen, von denen zwei größer und entwickelter sind.

Die hohen und sehnigen Läufe des Elches endigen in Ballen und einem Huf mit je zwei Schalen. Die Ballen sind nicht von rundlicher Gestalt wie beim Rothirsch, sondern länglich=spitzgeformte Trettkissen, welche die „Hohle" der Laufsohle bis auf einen kleinen Streifen vor deren Vorderrand ausfüllen. Mit ihnen sind die Schalen durch eine zähe, etwa 6—7 cm. lange Haut verbunden, und sie können weit gespreizt werden. Jede der aus fester dunkler Hornmasse bestehenden S c h a l e n hat einen harten und etwa einen Centimeter hohen Rand, die Schalenwand. Wie fest die Hornmasse der Schalen ist, erhellt daraus, daß höchst selten ein Elch mit beschädigten Schalenrändern erlegt wird. Nahe über den Ballen sitzen an den Hinterseiten der Läufe die beweglichen und gleichfalls aus Hornstoff gebildeten Geäfter, auch Afterklauen, Oberrücken oder Sparren genannt. Beim Schreiten berühren sie den Boden und stützen gleichsam die Läufe. Sie sind an den Vorderläufen etwas länger und stärker als an den Hinterläufen. Auch die Schalen der Vorderläufe sind um etwa 2 cm. länger als die der Hinterläufe, an letzteren dagegen aber gewöhnlich etwas breiter und stumpfer. Bei der Elchkuh sind sämtliche Schalen schmäler als beim Hirsch, erscheinen daher länglicher. Der Abdruck der Vorderläufe in weichem Boden oder die Fährte ist etwa 18—20 cm. lang und 10—12 cm. breit.

Der Elch besitzt an den Hinterläufen je eine innere, deutlich erkennbare T a r s a l b ü r s t e und eine zuerst von Dr. R i t s c h e in Tharand entdeckte, weniger deutlich erkennbare äußere M e t a t a r s a l = b ü r s t e mit den entsprechenden Drüsen. Noch J. D. C a t o n giebt in seinem Werk über die Antilopen und Hirsche Amerikas, offenbar irrtümlich, an, die Metatarsaldrüse fehle sowohl beim amerikanischen wie europäischen Elche. Ueber diese Drüsen und Haarbürsten hat

E. Zietzschmann genauere Untersuchungen angestellt und in der „Zeitschrift für wissenschaftliche Zoologie", Bd. 74, veröffentlicht. Die Metatarsaldrüse befindet sich im untern Drittel des Mittelfußes, etwa 10 cm. über dem Fesselgelenk, und wird durch die schwarz= braune Färbung der Haare angedeutet; sie ist etwa 3 cm. lang und halb so breit. Die grau=braune Tarsal= oder Fersenbürste erstreckt sich von den hintern Abschnitten der Innenseite des Sprung= gelenks horizontal bis etwa zur Mitte des letztern und hat etwa 8 cm. Länge.

Die Behaarung wechselt je nach Alter und Jahreszeit an Dichte und Stärke, ebenso in der Färbung. Bei einem jungen Kalbe ist das Haar kurz und wollig, auf dem Rücken hellbräunlich und am Bauche und an den Läufen hellgrau; zum ersten Winter erhält dann das Haar auf dem Rücken mehr einen rötlich=braunen Ton. Beim erwachsenen Elche besteht die Behaarung aus langem und brüchigem Grannenhaar und feinem, kurzem, grau=bräunlichem Wollhaar. Das Grannenhaar ist am Grunde leicht gewellt und weiß, und wird zur Spitze hin dunkler und feiner. An einzelnen Körperteilen erreicht das Haar eine besondere Länge und Dichte, so am Halse, Nacken und zum Teil auch an der Brust, und bildet dort eine Art 15 bis 18 cm. hoher zottiger und ungescheitelter Mähne, die den an sich starken Hals noch kürzer und plumper erscheinen läßt. Bei jüngeren Individuen scheint dieses mähnen= artige Haar dichter zu sein als bei älteren. Am Halse und auf dem Rücken ist die Färbung dunkelbraun oder fahlbraun, und diese Färbung setzt sich etwas abgetönt auch auf den Seiten und an den oberen Teilen der Läufe fort. Bei einzelnen Elchen hat das Haar am Halse und Rücken eine schwarzbraune Farbe. Der untere Teil der Läufe und die innere Seite der Keulen ist mit kürzeren, grauen bis hellgrauen oder weißgrauen Haaren bedeckt. ebenso der Unterbauch, wo die Haare nach vorn gerichtet sind. Im Winter erscheinen die Läufe heller oder weißer als im Sommer, vielleicht weil sie weniger durch Moorwasser beschmutzt sind. Selten, und wie's scheint nur bei jüngern Individuen, sind die Läufe statt weiß oder grau, bräunlich. Am Kopfe sind die Seiten dunkelbraun, die Stirn rötlich=braun und der Windfang grau, und im hohen Alter mischt sich am Kopfe in das Braun auch etwas Grau ein. Bei ein= und zweijährigen Kälbern ist der Windfang hellgrau und sind ein Teil des Kopfes und Halses gleichmäßig mit weißen Haaren übersprengt. Bei Elchkühen ist das Feuchtblatt von einem hellern weiß=gelblichen Haarstreifen eingefaßt, der sich nach unten verlängert, und ist in der Regel die Färbung am übrigen Körper etwas lichter als bei den Hirschen.

Der Haarwechsel vollzieht sich im Frühling; dabei fällt das alte Oberhaar allmählich aus und wird durch neues ersetzt, dessen helle Spitzen anfänglich kürzer sind als beim alten Haar, woher auch die Färbung im Sommer im allgemeinen etwas dunkler erscheint, als im Winter. Im Herbst hat dann das Haar seine volle Länge erreicht und bildet eine trefflich schützende Decke gegen die Winterkälte.

Wie bei allen Haartieren variirt auch beim Elch die Färbung nach den Individuen; Melanismus aber ist bei ihm bisher nicht beobachtet worden, und Albinismus nur in einem geringen Grade oder teilweise. So wird von einem livländischen Elch berichtet, er habe an der Stirn einen weißen Fleck oder eine „Blässe“ gehabt.

Eine lichtere Färbung der Bauchseite findet sich wie beim Elch so bei recht vielen andern Säugetieren und bei Vögeln, namentlich beim weiblichen Geschlecht; sie bedeutet eine Art Schutz= färbung, wie das der amerikanische Maler A. H. Thayer durch sinnreiche Experimente sehr glaublich gemacht hat. Wird diese lichtere Färbung z. B. künstlich dunkel und der Farbe des obern Körperteils gleich gemacht, so ist der Körper des Tieres von der Umgebung viel deutlicher zu unterscheiden; die Wirkung des Eigen= schattens wird eben durch die natürliche hellere Färbung abgeschwächt.

Die Körpermaße des Elches wären folgende. Das neugesetzte Kalb ist etwa einen Meter lang und am Widerrist 70—90 cm. hoch; seine Kopflänge beträgt 25—30 cm. Nach einem halben Jahre ist es vorn bereits gegen anderthalb Meter hoch, wächst also recht rasch. Als ausgewachsen ist der Elch im vierten oder fünften Jahre anzusehen. Die Maße an einem im Petersburger Gouvernement erlegten Schaufler von 6+8 Enden ergaben:

Länge vom Windfang bis zur Wedelwurzel 247 cm.
Höhe am Widerrist . . . . 188 „
Höhe am Kreuz . . . . 175 „
Länge des Kopfes . . . . 79 „

Gewiß giebt es in Rußland auch Elchhirsche, die noch stärker sind und dem Ibenhorster Elch nicht nachstehen, dessen vordere Höhe der Oberförster Ulrich zu 208 bis 211 cm. angiebt. Hingegen müssen die von Dietrich aus dem Winckell in „Hohe Jagd", 3. Aufl. 1898, angeführten Maße: Vorderhöhe 260, Kreuzhöhe 240 und Kopflänge 108 cm. als irrtümlich oder übertrieben bezeichnet werden, besonders da das hinzugefügte geringe Gewicht von 325 Kilo in keinem Verhältnis zu ihnen steht. Ebenso irrtümlich ist die von Dr. Wurm in seinem Buche: „Jagdtiere Mittel-Europas" angegebene Schulterhöhe von 260 cm. — Die Elchkuh ist etwa 16—20 cm. niedriger gestellt als der Hirsch.

Das Körpergewicht eines neugesetzten Kalbes beträgt ungefähr 11—13 Kilo, eines jährigen etwa 80, eines zweijährigen etwa 210 bis 215, eines dreijährigen Spießers etwa 260 bis 300 Kilo. Dagegen erreichen kapitale Elchhirsche unaufgebrochen ein Gewicht von 490 bis 495 oder 500 Kilo. Wenn im 1 Bd. der „Baltischen Waidmannsblätter" von Ural-Hirschen berichtet wird, die 47 Pud = 770 Kilo gewogen haben sollen, so ist das einfach Jägerlatein. Ein Gewicht von 460 bis 470 Kilo bei russischen Elchen ist bereits eine Seltenheit, dagegen sind welche von 400 bis 410 Kilo häufiger erlegt worden. Herr Präparator Th. Lorenz in Moskau berichtet mir von einem 1879 im Kreise Dmitrow des Moskauer Gouvernements erlegten, seinen Zähnen nach recht alten Stanglerhirsch von 14 Enden, der unaufgebrochen ein Gewicht von 490 Kilo gehabt hat. In Bd. 37 der „Deutschen Jäger-Zeitung" erzählt Herr H. Ilges von zwei von ihm im Petersburger

Gouvernement erlegten starken Elchen, einem Schaufler im Gewicht von 462 Kilo und einem Zehnender von 491 Kilo, wohl unaufgebrochen, und in Bd. 2 der „Balt. Waidmannsblätter", S. 7, Herr J. Baron Wolff aus dem Rigaschen Kreise von einem Zwölfender=Hirsch, der aufgebrochen das seltene Gewicht von 450 Kilo (1100 russische Pfd.) ergab.

Das Gewicht einer starken Elchkuh beträgt annähernd 300 bis 320 Kilo.

Eine frisch abgelöste Elchdecke wiegt etwa 40—50 Kilo.

Ueber das Alter, welches Elche im Durchschnitt erreichen oder erreichen können, gehen die Meinungen ziemlich weit auseinander. Einige wollen ihnen kein höheres Alter als 15—16 Jahre zusprechen und begründen es damit, daß ein Tier, welches so rasch wie der Elch wachse, auch nicht sonderlich lange lebe. Andere hingegen meinen, er könne ein Alter von 30—36 Jahren erreichen, und neige ich mich zu derselben Meinung. Schon die Entwickelung des Geweihes beim Elchhirsch bis zu seiner größten Stärke beansprucht viele Jahre, mindestens 12—14, wonach er einige Jahre auf dieser Entwickelungsstufe zu verweilen scheint, um dann langsam zu altern und „zurückzusetzen", und das allein spricht schon für eine längere Lebensdauer. Bisher galt als Regel, daß je größer ein Säugetier ist und je langsamer es sich auswächst, ein desto höheres Alter ihm zu teil wird. Die Hausmaus lebt gewiß nur wenige Jahre, der Elefant aber, welcher seine volle Größe erst nach dem zwanzigsten Jahre erreicht, selbst in der Gefangenschaft über hundert Jahre. Der Rothirsch kann über 30 Jahr alt werden und das gezähmte Pferd, welches gleich dem Elch im fünften Jahre ausgewachsen ist, 25—30 Jahr, falls es nicht zu sehr angestrengt wird. Man erweiterte jene Regel noch dahin, daß man den Säugern ein Durchschnittsalter von etwa dem Siebenfachen der Periode, welche sie zum Erwachsen nötig haben, zusprach, was beim Elch gleichfalls ein Alter über 30 Jahre ergäbe. Es ist wahrscheinlich, daß einzelne Individuen noch ein höheres Alter erleben, und wir haben dafür ein glaubhaftes Zeugnis. Der preußische Oberförster Ulrich in

Ibenhorst hatte vom Jahre 1854 an jährlich eine alte Elchkuh beobachtet, welche durch Blindheit auf dem linken Auge und andre Merkmale gekennzeichnet war, und diese setzte bis 1865 jährlich zwei Kälber, war dann drei Jahre gelt, um 1869 und 1870 wieder je ein Kalb zu setzen. Sie war also im Jahre 1870 mindestens 20 Jahre alt, zeigte aber damals noch nichts von Hinfälligkeit oder Greisenhaftigkeit.

Es ist eine schwierige Aufgabe, das Alter oder die Lebensdauer von Tieren in der Wildnis zu bestimmen, und Beobachtungen an gefangenen, also in unnatürlichen Verhältnissen lebenden Tieren bieten darüber nichts Sicheres oder sind nur annähernd zu benutzen. Wie wenig an sich die Gestalt des Elchgeweihes, besonders im vorgeschrittenen Alter, zur Altersbestimmung dienen kann, werden wir im nächsten Kapitel erfahren; sie kann nur in Verbindung mit andern Anzeichen zur ungefähren Schätzung benutzt werden. Als wichtigstes Anzeichen darf die Beschaffenheit der Zähne oder der Grad ihrer Abnutzung gelten. Leider ist in Rußland keine größere Sammlung von Elchschädeln verschiedenen Alters vorhanden, mit Hilfe welcher man eine Art System oder Regeln zur Altersbestimmung des Elches, etwa analog den dafür bei dem domesticirten Pferde bestehenden Regeln, aufstellen könnte. Als Merkmale höhern Alters bei Elchen wären unter andern noch anzusehen: Das Verwachsen der Schädelnähte, das „zurückgesetzte" Geweih, die Stärke der Rosen, der größere Durchmesser der Rosenstöcke, die stärkere Neigung der Abwurfflächen an den letztern, und die Breite des Bartes.

Man unterscheidet dreierlei Gangarten des Elches: ein Ziehen, wenn er langsam schreitet, ein Trollen, das dem Traben andrer Vierfüßler gleicht, und ein Flüchten oder Flüchtigwerden, welches die schnellste Gangart vorstellt und dem Galopp der Pferde ähnlich ist. Mehrfach ist behauptet worden, der Elch schreite oder laufe auch Paß, und auch Herr Narychkin spricht in seinem Buche über „Die Elchjagd" von einem „gestreckten Paßgang". Jedoch ist ein solcher Paßgang bisher an Elchen in der Wildbahn nicht beobachtet werden; nur bei in engem Raume gehaltenen hat man mitunter einen Paßschritt von kurzer Dauer bemerkt, wie ihn unter gleichen Umständen auch Rothirsch, Ren und der chinesische Davids= hirsch oder Milu zeigen. — Beim langsamen Ziehen vernimmt man beim Elch wie beim Ren ein leises knackendes oder knisterndes Geräusch, dessen Entstehen noch nicht aufgeklärt ist und das wahr= scheinlich im Fesselgelenk hervorgebracht wird. Beim schnellen Trollen und beim Flüchten hält der Elchhirsch seinen Kopf grabeaus gestreckt, so daß sein Geweih über dem Nacken liegt. Flüchtig wird das Elchwild nur, wenn es plötzlich und unerwartet rege gemacht oder durch Schüsse verwundet wird, oder wenn es nach längerer Verfolgung ermüdet und gleichsam seine letzten Kräfte zusammenrafft. Bei dieser Gangart setzt es gleich andern Vierfüßlern die Hinter= läufe, welche über die Vorderläufe hinausgreifen, nebeneinander auf, die Vorderläufe aber mehr hintereinander. Sein Trollen ist ein rasches und fördert mindestens ebenso schnell, wie das Traben eines guten Traberpferdes. Dabei ist der Elch zweifellos ausdauernder als letzteres und läßt sich nur durch wenige Hindernisse, seien es Sümpfe, Dickungen, Gewässer, halbmeterhoher Schnee, ein mit Steinblöcken besäetes Feld, oder Gräben, Zäune und Verhaue, auf= halten. Ueber letztere setzt er bei festem Boden, selbst wenn sie 6—7 Fuß hoch sind hinüber, indem er vorn hoch wird und sich mit den Hinterläufen hinüberschnellt. Verfolgt und in der Verzweiflung wagt er den Sprung auch über höhere und bis 10 Fuß hohe Hinder= nisse, freilich dann zu seinem Unheil. In den Vorstädten St. Petersburgs und Moskaus haben Elche einigemal 8 bis 10 Fuß hohe Eisengitter zu überfallen versucht und sich dabei elen= biglich gespießt.

Auf glattem und frosthartem Eise ist die Fortbewegung für den Elch, wie leicht verständlich, eine unsichere; er gleitet leicht aus, und einmal gestürzt, vermag er schwer sich wieder zu erheben. Ist das Eis aber rauh oder weich, so finden die harten Ränder seiner Schalen Halt und wird ihm das Trollen dadurch möglich.

Ueber seine Fortbewegung auf weichem Boden, auf Sümpfen und Mooren, ist viel gefabelt worden. H. Döbel in seinem Buche

2

„Neu eröffnete Jäger=Praktika", 1746, erzählt, der Elch lege sich auf weichen Stellen seitlings und schnelle sich mit den Läufen fort. Georg Hartig (Lehrbuch für Jäger, 3. Aufl., I. Th., Seite 163) sagt bereits glaublicher: „Zu den Eigenheiten dieser Wildart kann man vorzüglich rechnen, daß es sich, wenn der Boden sehr mürbe und brüchig ist, auf den Bauch setzt und sich mit den Läufen fort= zuarbeiten sucht." Die langen Läufe des Elches, der Bau der untern Laufteile mit dem Geäfter und die große Spreizbarkeit der Schalen, sowie seine große Kraft befähigen ihn gewiß dazu, besser und leichter im Sumpfe vorwärts zu kommen, als etwa ein Rind oder Pferd. Doch auch das hat seine Grenzen und der Fälle sind genug beobachtet worden, auch in den Ostseeprovinzen, wo Elche im Sumpf oder Moor stecken geblieben sind und dort einen qualvollen Hungertod fanden oder auch von mitleidigen Menschen mit großer Mühe gerettet wurden. Eine hübsche Beobachtung über die Art, wie der Elch sich auf dem Morast zu helfen weiß, teilt Herr Oberförster J. R. in der Sportbeilage der „Düna = Zeitung" Nr. 171 v. J. 1899 mit. Am Abend eines heißen Julitages hatte sich Herr R. mit einem Buschwächter am Rande eines Waldes niedergelassen, vor welchem sich ein von einem Bache durchschnittenes und für Mensch und Tier kaum überschreitbares Moor hinstreckte. Da erblickte er einen starken Elchhirsch auf dem Moore, der sich langsam dem Bache näherte; je näher er zu letzterem kam, desto tiefer sanken seine Läufe in den weichen Boden ein, und endlich setzte er sich wie ein Hund auf die Hinterläufe, streckte die Vorderläufe vor und arbeitete sich oder rutschte derart vorwärts. Bis an das Wasser des Baches gelangt, bedachte er sich aber und äugte einige Augenblicke nach vorn aus, um dann in gleicher Weise den Rückweg einzuschlagen und, auf festern Boden gelangt, wieder in den Wald zurückzutrollen.

Allgemein bekannt ist, daß der Elch gut und ausdauernd zu schwimmen oder rinnen vermag, bei welcher Fortbewegung nur der Oberkopf und der Windfang aus dem Wasser ragen. In Livland hat man Elche z. B. verschiedene Male zu zweien im Burtneck=

See belegenen und 5 Werst vom Ufer entfernten Inseln hinüber=
rinnen sehen. Die „Königsberger Allgem. Zeitung" vom 12. Sep=
tember 1902 teilt folgendes mit: „Es ist bekannt, daß die Wälder
der kurischen Nehrung einen ziemlichen Bestand von Elchwild haben.
Diese seltenen Tiere sind von Littauen aus oder aus der Bledauer
Forst einfach nach der Nehrung hinübergeschwommen. Der Elch=
hirsch ist ein Dauerschwimmer von Hause aus. Vor etwa zwanzig
Jahren bemerkte der Förster Röckner, wie aus dem Bledauer
Walde 4 Elche in's Haff gingen und nach der bort ca. 2½ Meilen
entfernten Nehrung zu schwimmen sich anschickten. Ohne Zweifel
werden sie diese erreicht haben, da sie sich in der Entfernung nicht
zu verschätzen pflegen und ziemlich genau wissen, was sie zu leisten
vermögen. Am Dienstag nun trafen, wie man uns schreibt,
Steinorter Fischer auf dem Haffe 2 Elche an, welche von der
Nehrung nach dem Bledauer Walde hinüberwechselten. Die mächtigen
Geweihe ragten zeitweise aus dem Wasser hervor wie Aeste eines
verdorrten Baumes. Da die Fischer annahmen, daß die Tiere
vielleicht ermüdet sein könnten und bie zunächst liegende Landspitze
Pusterort nicht erreichen würden, warfen sie ihnen Stricke um den
Kopf und befestigten sie an dem Kahn, welcher nun sozusagen die
Tiere in's Schlepptau nahm. Als sie aber Boden unter den
Füßen fühlten, rasten sie mit dem Kahn fort, und bie erschreckten
Retter mußten, damit der Kahn nicht auf's Land geschleift würde,
die „Taue kappen". Dem stattlichsten der Tiere, einem Elchhirsch
wohl im Gewicht von 7—8 Centnern, ist es aber übel ergangen.
Er hat sich, jedenfalls von der großen Anstrengung ermüdet, nieder=
gelegt und ist von zwei Fischern eines andern Dorfes, die sich mit
ihm zu schaffen machten, getötet worden."

Jeder Jäger muß fährtengerecht oder fährtenkundig sein, b. i.
er muß verstehen, eine im weichern Boden oder im Schnee einiger=
maßen deutlich abgedrückte Spur oder Fährte eines Wildes auf
dessen Art, Alter, Geschlecht und Gangart richtig anzusprechen sowie
auch das Alter der Fährte zu erkennen. In einzelnen Ländern
und für einige Wildarten, z. B. für Rothirsche und Sauen, hat

2*

sich die Fährtenkunde ungemein entwickelt, über die Elchfährte aber ist leider eine genauere Kenntnis in der Gegenwart nicht vorhanden und man beschränkt sich gemeiniglich darauf, festzustellen, ob ein Hirsch, eine Kuh oder ein Kalb sich spüre, wieviel Köpfe in einem Trupp oder Rudel gewesen und in welcher Gangart die Fort= bewegung geschehen. Zum Teil hat diese geringe Kenntnis darin ihren Grund, daß der Elch, namentlich in der wärmeren Jahreszeit, sich gewöhnlich auf derart weichem oder verwachsenem Boden bewegt, daß kein scharfer Abdruck seiner Fährte entsteht. Die vielen auf die Fortbewegung und Fährte des Edelhirsches in Deutschland üblichen jagdlichen Bezeichnungen lassen sich nur zum Teil bei dem Elch verwenden, weil des letzteren Bewegungsweise und Gewohn= heiten in einiger Beziehung von denen des Rothirsches abweichen.

Der Abdruck oder die Fährte der Vorderläufe ist beim Elch wie bei vielen andern Vierfüßlern, namentlich auch beim Rothirsch, größer als die der Hinterläufe. Dagegen spreizt der Elch die Schalen weiter auseinander als jener, und zwar um so weiter, je schneller sein Lauf und je weicher der Boden ist, wobei sich auch die Afterklauen tiefer eindrücken. Der Elchhirsch setzt die Spitzen der Schalen etwas auswärts, so daß die einzelnen Tritte nach vorn hin divergieren, was bei der Elchkuh weniger der Fall ist.

Die einzelne Fährte ist beim Elchhirsch gerundeter und stumpfer als bei der Elchkuh, und der Abdruck der Oberklauen gespreizter. Beim Ziehen oder Trollen deckt oder verblendet der Tritt des Hinterlaufs die Fährte des Vorderlaufes ganz oder fast ganz; wenn nicht ganz, so erscheint natürlich der Umriß der Fährte etwas größer, als der Abdruck eines einzelnen Laufes an sich, und die Schalenränder sind doppelt abgedrückt. Die Schrittweite alter Elche beträgt ungefähr einen Meter.

Der starke Elchhirsch und die hochbeschlagene Kuh s ch r ä n k e n mehr oder weniger, d. h. setzen beim Ziehen oder Trollen beide Läufe der einen Seite seitwärts von den Läufen der andern Seite, so daß, wenn man sich je eine Linie durch die Abdrücke der rechten und der linken Läufe gezogen denkt, diese Linien nicht zusammen=

fallen, sondern einen Zwischenraum zwischen sich behalten. Zu diesem Schrank kann sich auch noch der Beitritt fügen, der entsteht, wenn die Hinterläufe auswärts neben die Vorderläufe treten.

Ein Rudel oder Trupp Elche zieht oder trollt nicht selten derart, daß jedes einzelne Stück in die Fährte des voranschreitenden Stückes tritt, wobei gewöhnlich eine Altkuh an der Spitze führt.

Beachtenswert für den Jäger sind ferner die sogenannten Himmelsspuren, d. h. die Zeichen, welche der Elchhirsch durch das Anstreichen des Geweihes an Bäumen und Büschen hinterläßt, ferner das Nässen der Elche nnd deren Losung. Die Kuh näßt in ihre Fährte, der Hirsch aber gewöhnlich etwas seitwärts. Die Losung besteht aus länglich-runblichen, nuß- oder kastanien- förmigen Bällchen von gelbbräunlicher oder bräunlichgrüner Färbung und 2—3 cm. Durchmesser; bei der Kuh ist sie in der Regel schleimiger und mehr zusammenhängend als beim Hirsch, im allge- meinen bei beiden aber im Sommer weicher und flüssiger als im Winter.

Im ganzen lassen Elche außer der Brunftzeit wenig und selten Stimmlaute vernehmen. Plötzlich erschreckt oder auf- gestört lassen sie zuweilen ein kurzes Schnauben oder aber einen kurzen, hohen, vibrierenden Klageschrei, ähnlich dem Bären in gleicher Lage, hören. Diesen Schrei hat Herr H. Ilges, wie er mir mitteilt, auch von einem von Hunden gestellten Elche, ferner in anhaltender Weise von einem auf einer Treibjagd verwundeten und gestürzten Elche vernommen. — Eine Mutterkuh mahnt, d. h. lockt oder warnt ihr Kalb mit einem dumpfen und mäßig lauten Schrei, und das von der Mutter abgekommene Kalb läßt einen hochge- stimmten Schrei hören.

Der Brunftschrei des Elchhirsches, das Melden oder Röhren, welchen er vornehmlich in der Abend- und Morgen- dämmerung hören läßt, ist bei stillem Wetter weithin vernehmbar. Er läßt sich durch die Vokale u-o wiedergeben, wobei die Betonung und Aushauchung auf dem o liegt, und hat zugleich etwas Vibrie- rendes, Stöhnendes. Die Wogulen im Permschen Gouvernement sollen ihn dadurch nachahmen, daß sie mit einem Beilkopf an einen Baumstamm schlagen. Bei jüngern Hirschen klingt der Schrei höher und nasaler, etwa wie ö-ä, bei recht alten aber tief und mehr wie u-äh, wobei etwas Klirrendes nachklingt, was Herr Ober= förster E. Baron Engelhardt in Livland mit dem Geklimper von silberner Scheidemünze verglichen hat.

3. Das Geweih.

Die schöpferische Natur hat die meisten Arten der zur Ordnung der Wiederkäuer gezählten Tiere mit auffallenden, an deren Köpfen befindlichen Organen, den Hörnern und Geweihen, ausgestattet, die Waffen vorstellen und die wir Menschen zugleich als einen Schmuck ansehen. Bei der Mehrzahl der zur genannten Ordnung gerechneten Familien, namentlich bei den Antilopen, Ziegen, Schafen und Rindern, bestehen diese Organe aus einem den Haaren gleichen oder aus ihnen umgebildeten Stoff, dem Horn=stoff, indes nur eine Familie, die der Cerviden oder Hirsche, zu jenen Organen Knochensubstanz verwendet. Die Horngebilde werden in der Regel nicht, wie die Geweihe, jährlich neu aufgesetzt und gewechselt, sondern wachsen allmählich mit dem zunehmenden Alter ihres Trägers und dauern für seine Lebenszeit. Sie sind offenbar Gebilde, in denen die Fluctuation der Säfte in den Kanälen und Zellen während der Lebenszeit ihrer Besitzer nicht aufhört, wodurch ihnen eine große Zähigkeit und Widerstandskraft gegen äußere Einflüsse verliehen wird. Eine Ausnahme von dieser Regel bildet das Gehörn des im westlichen Nord=Amerika heimischen Gabelhorn=bocks (Antilocapra americana), welches jährlich abgeworfen und erneuert wird. Das Geweih aber, einmal ausgebildet, vermag den schädlichen äußern Einflüssen, dem Lichte, der Nässe, der Hitze und Kälte und dem Sauerstoff der Luft, nicht zu widerstehen, sondern wird brüchig und bröcklig, verwittert und stirbt ab.

Verfolgen wir zunächst den Vorgang der Geweihbildung, wie er sich bei allen Cerviden zeigt und soweit er bisher erforscht und erklärt ist.

Schon im ersten Lebensjahre zeigen sich an den Stirnbeinen der männlichen Kälber in ihrem obern Teil, in der Gegend der Ohren (oder Lauscher), unter der Haut zwei Erhöhungen oder Wölbungen, welche aus einem lockeren, von Säftekanälchen durchzogenen Knochengewebe bestehen. Diese Wölbungen wachsen allmählich höher, indem sie die Lederhaut (cutis) und die Oberhaut (epidermis), also die gesamte Hautdecke mit sich hinaufziehen, und bilden sich zu Knochenzapfen aus, welche die späteren Geweihe tragen und Rosenstöcke genannt werden. Sie besitzen außer Gefäßen und Kanälen auch Fettzellen, welche dem spätern Geweih fehlen. An der Spitze dieses Zapfens oder Rosenstocks wird alsbann eine Anschwellung oder ein Auswuchs bemerkbar, der mit einem feinbehaarten und gewöhnlich grauen Häutchen, dem Bast, bedeckt ist, eine stangenförmige Gestalt annimmt und das erste Geweih, auch Knopf- oder Spießgeweih genannt, darstellt. Zu seinem Bau werden ihm die nötigen Stoffe sowohl durch die feinen Gefäße und Aederchen des Bastes, als auch durch eigne innere Kanäle zugeführt. Schließlich drängt sich die Spitze der Stange oder Sprosse aus der Basthaut hervor, die Aederchen und Saftkanäle sowie der Bast trocknen ein, die Zellen der Geweihmasse füllen sich mit Knochensubstanz und das Geweih erhärtet und verkalkt sich, und zwar zunächst von der Spitze nach unten und von außen nach innen zu. Darnach wird, zuvor an der Spitze, die dürr und rissig gewordene Basthaut durch das sog. Fegen, durch Anschlagen und Reiben an harten Gegenständen, abgestreift. Vollständig erhärtet das Geweih erst einige Zeit nach dem Fegen; es zeigt an seiner Oberfläche zahlreiche längs laufende Rillen und besitzt zunächst eine weißgraue oder gelbliche Färbung, die binnen einigen Tagen zu Gelbbraun oder Dunkelbraun nachdunkelt. Dieses Nachdunkeln wird wohl der Wirkung des Lichtes, der Luft und zum Teil der Rindensäfte der zum Fegen benutzten Baumäste zuzuschreiben sein.

Nachdem das fertige Geweih einige Monate lang getragen worden, zeigt der scheinbar erstarrte Rosenstock abermals eine Belebung; er wird säftereicher und an seiner Spitze bilden sich

eigentümliche wandernde Zellen, die Knochenfresser oder Osteo=
klasten, welche die Verbindung zwischen der Geweihbasis und dem
Rosenstock lockern und unterminieren. Zur Spitze des Rostenstocks
drängen sich frische Säfte und Stoffe, die um ihn herum eine
deutliche Verdickung oder Wulst bilden. Diese Wulst erhärtet
später und wird zur sog. Rose. Eines Tages wird dann das
fertige Geweih a b g e w o r f e n oder fällt ab, wozu das eigne
Gewicht, zufälliges Anschlagen mit ihm an Hindernisse oder tätiges
Schlagen des Hirsches an solche beitragen. Die muldenförmige und
gekörnt erscheinende Abwurffläche des Rosenstocks wird bald mit
einem Häutchen, dem ersten Basthäutchen, überzogen, der Säfte=
zufluß verstärkt sich, und nun wiederholt sich der Proceß der
Geweihbildung, indem der Rosenstock zu einem neuen Geweih,
zunächst dem Bast= oder Kolbengeweih, auswächst. Mit wachsendem
Alter der Hirsche nehmen die Geweihe jährlich bis zu einer gewissen
Altersstufe an Stärke zu, und bei einzelnen Hirscharten gabeln,
veräfteln und verecken sie sich, bei andern bilden sie muldenförmige
Platten mit zackigen Enden oder Sprossen, die Schaufelgeweihe.
Bei den ersteren Arten unterscheidet man Spießgeweihe, wo jede
Hälfte nur aus einem Sproß, und Gabelgeweihe, wo jede Hälfte
aus zwei Enden oder Sprossen besteht, im ganzen also ihrer vier
sind, ferner Sechser, Achter, Zehner und so fort in graden Zahlen,
wobei die Endenzahl derjenigen Hälfte, die die meisten Sprossen
besitzt, doppelt gezählt wird. Nur wird, falls beide Hälften eine
ungleiche Zahl haben, das durch Beifügung des Wortes „ungrader"
angedeutet.

In der Gegenwart besitzen wir Hirscharten, die lebelang auf
der Spießerstufe verweilen, so zwei südamerikanische Spießhirsche
(Cervus simplicicornis und Subulo rufus), ferner andre, die's
nur bis zur Gabelform bringen, so der Muntjak und der Gabel=
hirsch (Cervus bisulcus), andre wiederum, und zwar nicht wenige,
welche auf der Sechserstufe verharren, so das europäische Reh, der
Axishirsch, der Samburhirsch (Cervus aristotelis), der Roßhirsch
(Cervus equinus), der Mähnenhirsch (Cervus hippelaphus), der

Schweinshirsch (Cervus porcinus) und der Pampashirsch (Blasto-
ceros campestris), schließlich Hirscharten mit Geweihen von nur
acht Enden, so den mandschurischen Hirsch (Cervus sika) und den
gefleckten Hirsch in West=Sibirien (Cervus hortulorum). Merkwürdig
erscheint hierbei, daß die Ablagerungen und Schichten der verschiedenen
geologischen Perioden, soweit wir das bis jetzt überblicken können,
um so einfachere fossile Geweihformen aufweisen, je älter diese
Schichten der Zeit nach sind, also die untersten Spieß= und Gabel=
geweihe, die obern Mehrender. Das deutet auf eine Ausgestaltung,
eine Zunahme der Sprossung in der Geweihbildung im Laufe der
Zeiten hin. Bei jedem einzelnen Individuum von Hirscharten mit
vielendigen Geweihen spiegelt sich jener langsame Entwickelungs=
proceß während seines Lebens in den jährlichen Geweihstufungen
gleichsam wieder.

Die Bildung der Geweihe und ihr Abwurf erinnert an
analoge Prozesse in der Natur, so an den Wechsel von Federn und
Haaren, mehr noch an den Wechsel der Blätter unsrer Bäume.

Der Stoff des Geweihes besteht hauptsächlich, wie allgemein
bei Knochen, aus phosphorsaurem Kalk, und die innere Structur ist
spiralig, wodurch eine größere Festigkeit erlangt wird.

Das Wachstum und die Ausbildung der Geweihe wird durch
verschiedene Einflüsse gehemmt oder gefördert, so durch die Art der
Aesung, durch Klima und Witterung, durch den Grad der Inzucht,
durch eine Blutauffrischung, durch den allgemeinen Gesundheits=
zustand des Trägers und durch zufällige Verletzungen während des
Wachsens. Auch können gewisse abweichende Formen und Miß=
bildungen vererbt werden. Wird durch schädigende Einflüsse der
Körper des Hirsches schwächlich, so leidet auch das Geweih mit und
die Nachkommen solcher kümmerlichen Individuen gewähren das
Bild einer Degeneration. Selbst die Altersschwäche verrät sich am
Geweih, es wird im hohen Alter seines Trägers geringer an
Gewicht und Größe.

Offenbar besteht auch bei allen Hirscharten eine enge Beziehung
und allem Anschein nach auch ein physiologischer Zusammenhang

zwischen der Geweihbildung und den Fortpflanzungsorganen; eine Verletzung oder Verbildung dieser Organe zieht auch eine Verkümmerung des Geweihes nach sich, und zwar in der Weise, daß die Verletzung oder Castration einer Seite des Kurzwildbrets, also eines Hodens, auch auf den Wuchs des Geweihteils derselben Seite nachteilig einwirkt. Man will diesen Vorgang dadurch erklären, daß zwischen den Rosenstöcken und den Hoden eine Verbindung durch reflektorische Nerven besteht und durch eine Verletzung diese Verbindung aufgehoben wird. Jedoch übt umgekehrt eine zufällige Verletzung des Geweihes auch während seines Wachsens keine bemerkbare Rückwirkung auf die Geschlechtsorgane und deren Function aus. Andrerseits bewirkt mitunter eine Verletzung des Körpers, besonders eine Knochenverletzung, eine Störung in der Geweihbildung.

Alles weist demnach darauf hin, daß die Geweihe als Geschlechtsorgane, wenn auch zweiten Ranges, anzusehen sind, was auch dadurch dargetan wird, daß sie sich jedesmal zur Brunftzeit voll entwickeln und nach derselben abgeworfen werden.

Allgemein bekannt und anerkannt dürfte sein, daß die Art und Menge der Nahrung oder Aesung, besonders ihr Gehalt an phosphorsaurem Kalk und wohl auch an Gerbstoff, einen starken Einfluß auf die Ausbildung des Geweihes hat, und daß die Kenntnis dieser Tatsache vielfach in der Praxis zur Aufbesserung der Geweihe benutzt wird. Außer der festen Nahrung dürfte auch das Wasser und seine Beschaffenheit dabei eine wichtige Rolle spielen. In einer Gegend, wo das Hirschwild reichlich die ihm zusagende Aesung findet, wird es stets auch gute Geweihe aufsetzen.

Jede Hirschart besitzt eine Urform, einen Typus des Geweihes, die wir die generelle Geweihform nennen wollen, so daß letztere allein zur Bestimmung der Art des Trägers genügt, und die Geweihe jedes Individuums einer Art besitzen die Hauptmerkmale dieser Urform. Daneben zeigt aber auch jedes Individuum einer bestimmten Art in der Reihenfolge der von ihm gebildeten Geweihe, ungeachtet der jährlichen Zunahme an Masse und Enden, eine gewisse Grundform, welche man die individuelle Geweihform nennen könnte und die deutlich erkennbar wird, wenn man eine Anzahl von Abwurfgeweihen ein und desselben Individuums mit einander vergleicht. Die Zahl freilich der Abweichungen von dieser Grund= form, der Variationen und Abnormitäten, ist unendlich, wie ja kein Gebilde der Natur oder auch eines seiner Teilchen dem andern gleicht, sei's ein Sandkorn oder Blatt, sei's eine Zelle oder ein Tier= oder Pflanzenkörper.

Auf Schritt und Tritt bietet uns neugierigen Menschen, die wir überall nach dem Wie und Warum fragen, die Allmutter Natur ungelöste und unlösbare Rätsel. So bleibt uns rätselhaft, weshalb einzelne Familien der Wiederkäuer mit lebenlang vorhaltendem Gehörn ausgestattet sind, andre aber, die Cerviden, ihre scheinbar aus viel festerm Stoff als die Hörner gebauten Geweihe jährlich abwerfen und erneuern. Weniger rätselhaft schon erscheint uns der Zweck und die Bestimmung dieser Gebilde, namentlich der Geweihe: sie sind Waffen, die der geschlechtlichen Zuchtwahl und der Erhaltung der Art dienen. Mit ihnen wird der schwächere Nebenbuhler um die Gunst der weiblichen Artgenossen beseitigt, wobei sie zugleich zum Angriff und zur Abwehr gebraucht werden. Mit ihnen bekämpft also der Hirsch seinesgleichen und benutzt sie in der Regel nicht gegen andere Feinde, oder gelangt in der kurzen Zeit, wo das Geweih als Waffe brauchbar ist, überhaupt nicht dazu. Ist dann die Brunftzeit vorüber, so wird es bald als unnötig abgeworfen.

Betrachten wir nun das Geweih des Elches und seine Bildung und Form etwas näher.

In vollendeter Gestalt zeigt jedes Geweihstück eines starken Elchhirsches zunächst drei unterscheidbare Teile: den Geweihstock oder die Trag= oder Basalstange, die Schaufel, und die Enden oder Sprossen. Die im Verhältnis zum ganzen Geweih kurze, und nur 10 bis 18 cm. lange, in der Mitte bis 22 cm. im Umfange haltende oval=rundliche Tragstange sitzt auf dem schwach=ovalen Rosenstock und zeigt nur an ihrem untern Ende einen Kranz von mehr oder minder großen Knöllchen oder Knötchen, die sogenannten

Perlen. Sie ist nicht wie bei Rothirschen und Rehböcken von der Stirn nach oben, sondern seitwärts und nach außen hin, mit einer kleinen Neigung nach hinten, gerichtet, und besitzt gewöhnlich eine leichte Krümmung. Die Stange verbreitert sich zu der länglichen Schaufel, die keine Ebene, sondern eine nach oben hin concave flache Mulde bildet und gewöhnlich zwei durch eine Bucht getrennte Teile, einen kleinen, die Vorderschaufel, und einen größern, die Haupt= schaufel, erkennen läßt. In einzelnen Fällen ist diese Bucht nicht mehr vorhanden, aber die Teilung durch die Gruppirung der Aber= rinnen erkennbar. An den äußern Rändern jedes dieser Schaufel= teile sitzen die Sprossen oder Enden, an der einzelnen Vorderschaufel bis fünf Stück, an der einzelnen Hauptschaufel bis zwanzig und mehr. Wird der Schädel eines Elchhirsches senkrecht hingestellt, so bilden die Basalstange und der innere, sprossenlose und ziemlich grade verlaufende Rand der Hauptschaufel einen stumpfen Winkel, der sich in der Regel einem rechten um so mehr nähert, je älter der Hirsch war. Die Mittellinie der Vorderschaufel liegt dann in entgegen= gesetzter Richtung zu der der Hauptschaufel und bildet mit der Basalstange gleichfalls einen stumpfen oder rechten Winkel. Auch liegen die Ebenen der beiden Schaufeln in einem stumpfen Winkel zu einander, der mit zunehmendem Alter des Trägers etwas kleiner zu werden scheint. Die Hauptschaufel ist in der Mitte ihrer Fläche am dünnsten, immerhin aber noch bis zwei Centimeter, selten darüber, dick, zu den Rändern aber, besonders zu den innern, dicker, und zeigt keine radialen Fortsetzungen der Enden. Die beiden Hälften eines Geweihpaares sind einander meist ähnlich gebaut, ohne aber jemals streng symmetrisch zu sein; auch besitzen sie nicht immer die gleiche Anzahl von Enden.

Bevor aber ein solches Schaufelgeweih aufgesetzt wird, hat die Geweihbildung eine Reihe von jährlichen Entwickelungsstufen zurückzulegen. Beim männlichen Elchkalbe werden die Stirnbein= zapfen, die Fundamente des Rosenstocks, etwa erst im achten bis neunten Lebensmonat als knopfartige Geschwülste bemerkbar und sind mit behaarter Haut bedeckt. Sie wachsen allmählich zu Rosen=

stöcken aus, auf welchen sich im zweiten Lebensjahr ein schwaches zapfenförmiges Geweih, das erste, etwa 7—13 cm. lange Spießgeweih entwickelt (s. T. III № 6). Die Rosenstöcke des Spießers sind etwa 4—6 cm. lang und 2—3 cm. dick, und nicht nach oben, sondern zur Seite gerichtet. Das erste Spießgeweih hat nur eine Andeutung von Rosen und steht vom Kopfe aus zur Seite und nach vorn. Nach im dritten Jahr erfolgten Abwurf dieser Spießchen entwickeln sich in der Regel stärkere und bis zu 35 cm. und darüber lange Spieße, die schon deutlicheren Ansatz von Rosen zeigen (s. T. IV № 7). Zuweilen besitzen sie eine Krümmung, sodaß ihre Spitzen nach oben gerichtet sind (s. T. IV № 8), und sind in der Krümmung gemessen bis 40 cm. lang und dabei über 3 Kilo schwer. Mitunter besteht das Geweih auch schon aus einem Spieß und einer schwachen Gabel. — Im vierten Lebensjahr setzt der Hirsch in der Regel ein Gabelgeweih auf, dessen kleinere Enden mehr nach vorn gerichtet sind und Augen= oder Kampfsprossen darstellen (s. T. IV № 9). Bei starken Gablern erreicht der Vordersproß eine Länge bis zu 30 cm. und der Hauptsproß bis 45 cm. Ausnahmsweise bilden sich im vierten Jahre an einer Geweihhälfte oder an beiden drei Sprossen, welche dann als Haupt=, Mittel= und Augensproß, oder einfacher als Gabel und Vordersproß anzusprechen wären (s. T. V № 10). Im fünften Jahre wiederholt sich die Geweihform des vierten Jahres nicht selten, d. h. das Geweih besteht aus zwei Gabeln, oder aus einer Gabel und einem Dreisproß, oder aber jede Geweih= hälfte weist drei Enden auf. Nur ist das Geweih stärker im Bau und zeigt an den Buchten schon eine deutlich erkennbare Abplattung (s. T. V № 11). Im sechsten Jahre wäre die regelmäßige Geweih= form die sechsendige mit stärkerer Abplattung, d. i. größerem Ansatz zur Schaufelbildung. — Im siebenten Jahre trägt der Hirsch in der Regel ein Geweih von 6 bis 8 Enden, davon bei jeder Geweih= hälfte je ein oder auch bereits je zwei Enden nach vorn gerichtet sind, d. h. es macht sich eine Gabelung des Vordersprosses bemerkbar. Dabei hat sich auch die Hauptschaufel ziemlich ausgebildet (s. T. V № 12). Im achten Jahre zeigt das Geweih gewöhnlich 8 bis 10 Enden, von denen 2 bis 4 nach vorn gerichtet sind (s. T. VI № 13), und im neunten Jahre 10 bis 12 Enden, von denen 4 bis 6 die Vorder= sprossen bilden oder sich an der bereits erkennbaren Vorderschaufel befinden (s. T. VI № 14 und 15). Im zehnten Lebensjahr hat das Geweih etwa 12 bis 14 Enden, davon bis 6 Enden als vordere zu gelten hätten.

Wir haben bei obiger Darstellung der Vorsicht halber mehrfach ein „in der Regel" oder „gewöhnlich" hinzugefügt, weil ein genaues Schema der Entwickelungsstufen des Elchgeweihes sich nicht wohl aufstellen läßt und seine Entwickelung ungemein zahlreiche und starke individuelle und lokale Abweichungen aufweist, ganz abgesehen von zufälligen Beschädigungen des noch weichen Geweihes und dadurch erzeugten Abnormitäten. Vom neunten oder zehnten Lebensjahre an werden diese Abweichungen und Unregelmäßigkeiten noch größer bis etwa zum 15. und 16. Lebensjahr, wo allmählich eine lang= samere Entwickelung eintritt, um schließlich in Stillstand und Rückschritt überzugehen. Im allgemeinen ließe sich nur sagen, daß bis dahin, d. i. bis etwa zum sechszehnten Jahre, das Geweih an Stärke und Gewicht zunimmt und die Schaufel sich auswächst, dagegen die Enden kürzer werden und ihre Anzahl eine schwankende und unbestimmte bleibt. Bei den Geweihen recht alter Hirsche schrumpfen schließlich die Enden gar zu kleinen Zacken ein, und die Hauptschaufel hat statt der Enden zuweilen nur einen zackigen Rand, wobei gewöhnlich aber die Vordersprossen sich noch gut entwickelt zeigen (s. T. X № 22). — Daher erklärt sich auch, daß alle Schemata, die bisher zur Darstellung der einzelnen Entwickelungsstufen entworfen worden sind, sich widersprechen und beträchtlich von einander ab= weichen, und daher ist es auch nicht möglich, das Alter eines stärkern Elchhirsches nur nach seinem Geweih oder gar nach der Anzahl der Enden genauer zu bestimmen. Am wenigsten kann letzteres in der Art geschehen, wie es Herr D. Naryschkin in seinem Buche „Die Elchjagd" tut. Er sagt, der Hirsch erhalte im dritten Jahr ein Geweih, dessen eine Hälfte aus einem Spieß und dessen andre aus einer Gabel bestehe, also ein dreiendiges; in jedem weitern

Jahr aber wachse, bald auf der einen Geweihhälfte, bald auf der andern, ein Ende mehr hinzu, und so ergebe die Gesamtzahl der Enden auch die Anzahl der Lebensjahre des Hirsches, also ein dreizehnjähriger Hirsch weise an seinem Geweih auch 13 Enden auf. Diese Methode ist zwar einfach und bequem, leider aber grundfalsch. Um das Alter eines Hirsches einigermaßen richtig zu bestimmen, müssen neben dem Geweih noch andre Merkmale veranschlagt werden, von denen wir bereits früher einige angeführt haben.

Die jährliche Neubildung des Geweihes beginnt bei den Elchen mit Eintritt des Frühlings, also im März-April, und endet mit dem Fegen des Bastes, und zwar bei älteren Hirschen schon im Juli und August (Mitte Juli bis Ende August), bei jüngern, den Spießern und Gablern, später, im August und September. Das Fegen, nicht zu verwechseln mit dem Schlagen des Geweihes in der Erregung der Brunft, wird gewöhnlich an Stämmchen von Fichten, Erlen, Kiefern und Birken besorgt und dauert — je nach der Größe des Geweihes — von einem bis zu sechs oder sieben Tagen; als ein letzter Akt des Fegens ist das Weißschleifen der Enden anzusehn.

Die Zeit des Abwurfs ist starken Schwankungen unterworfen. Als Regel dürfte gelten, daß je älter der Hirsch, er um so früher abwirft, und je jünger er ist, er sein neues Geweih um so länger aufbehält. Die vielen Abweichungen und Unregelmäßigkeiten von dieser Regel, also ein verfrühter oder verspäteter Abwurf, haben ihre Ursache wohl in lokalen und klimatischen Verhältnissen und hängen wahrscheinlich auch von dem größern oder geringerm Kraftverbrauch in der Brunftzeit ab. So versicherten mir ein paar Herren in St.-Petersburg, daß sie im Nowgorodschen Gouvernement am 12. April 1903 (n. St.) auf dem Schnepfenanstand drei Schaufler mit noch nicht abgeworfenen Geweihen gesehen haben, was jedenfalls eine seltne Erscheinung ist. Es scheint, als ob jedes ausgedehntere Elchgebiet besondere Abwurfszeiten besitzt. Man will z. B. gefunden haben, daß ältere Hirsche im Ibenhorster Revier in Ostpreußen im

October-November, in Sibirien im November, in den Ostseeprovinzen im December und in Nord-Amerika im Januar-Februar abwerfen. Das ergebe für Ostpreußen und Livland, welche Länder sich wenig in Klima und Polhöhe unterscheiden, bereits einen Unterschied von ein bis anderthalb Monaten für diesen Proceß. Jedoch sind die Beobachtungen darüber doch zu vereinzelt und ungenau, um großen Wert zu beanspruchen. Im allgemeinen läßt sich nur sagen, daß Spießer und Gabler in der Zeit vom November bis eingerechnet März des nächsten Jahres, mittelstarke Hirsche vom November bis Februar und alte oder capitale vom October bis eingerechnet Dezember abwerfen.

Ungleich größer als alle Unregelmäßigkeiten in der Bildung und der Abwurfszeit der Geweihe bei freilebenden Elchen scheinen sie bei in Gefangenschaft gehaltenen zu sein. Als ein Zeugnis dafür seien hier die Stärke und die Abwurfszeiten von neun Geweihen eines auf dem Gute Techelfer bei Dorpat im Park erzogenen Elchhirsches, Puck genannt, angeführt. Diese Geweihe befinden sich im Jagdhause des Gutes Serbigal in Livland.

Geweih.	Zeit des Abwurfs (a. St).	Alter des Hirsches zur Abwurfszeit.	
Nr. 1 — mittelstarke Spieße	Mitte April 1885 —	23	Monate.
Nr. 2 — 1 Spieß und 1 Gabel . . .	April 1886	— 37	„
Nr. 3 — 2 Gabeln	22. Febr. 1887	— 46	„
Nr. 4 — 2 „ mit starken flachen Stangen	13. Febr. 1888	— 58	„
Nr. 5 — 3+4 Enden	7. Febr. 1889	— 70	„
Nr. 6 — 3+3 „ doch stärker als Nr. 5	1./21. April 1890	— 83	„
Nr. 7 — 3+3 „	6./7. Febr. 1891	— 93	„
Nr. 8 — 5+5 „	31. Oktober 1891 —	102	„
Nr. 9 — 4+4 „	12. Oktober 1892 —	113	„

Das stärkste Geweih ist Nr. 8 mit 10 Enden, davon 3 Kampfsprossen sind; Nr. 9 ist von gleicher Gestalt wie Nr. 8, aber schwächer im Bau und hat zwei Sprossen weniger. — „Puck" wurde, soviel ich erfahren konnte, in seinem zehnten Lebensjahr von einem mit ihm gehegten Edelhirsch zu Tode geforkelt.

Die Unregelmäßigkeiten in den Geweihformen sind ungemein

zahlreich. So wurde 1901 in Livland ein Elchgeweih erbeutet, dessen eine Hälfte ein Spieß und dessen andere Hälfte eine mäßig starke Schaufel mit 5 Enden war. Es giebt Geweihe, bei denen die Tragstangen mehr nach oben und vorn als seitwärts gerichtet sind und die Enden jeder Geweihhälfte sich daher einander stark nähern, oder Geweihe, bei welchen aus der Mitte der untern konvexen Schaufelfläche Enden fast senkrecht hervorragen, oder ein Sproß teilt sich in 3 Enden, deren Basis eine Höhlung hat (s. T. IX, Nr. 21), u. a. m. — Eine interessante Naturerscheinung bilden die abnormen stangenförmigen Geweihe (s. T. XI u. XII), welche neben schaufelförmigen allem Anschein nach bisher nur bei europäischen Elchen bemerkt worden sind, und das erst seit 60 bis 70 Jahren. Sie mögen wol auch einige Jahrzehnte früher dagewesen und gesehen worden sein, ohne daß von ihnen öffentlich die Rede gewesen. Ueber sie verhandeln wir im Kapitel 11.

Ob sich für größere zusammenhängende Elchgebiete in Europa, Asien nnd Amerika besondere Typen der Elchgeweihe herausfinden und aufstellen ließen, erscheint mir bei der oft betonten Variabilität dieser Organe zweifelhaft. Auch genügte das zur Zeit in unsern Sammlungen vorrätige Geweihmaterial in keiner Weise zu einem Versuch in dieser Richtung.

Es liegen bisher keine Beobachtungen darüber vor, welche Wirkung eine Verletzung der Zeugungsorgane des Elchhirsches auf die Geweihbildung hat, und es läßt sich nur vermuten, daß diese Wirkung eine ähnliche sein wird wie beim Rothirsch, so daß z. B. eine Kastration beim männlichen Elchkalbe vor dem Auswachsen der Rosenstöcke Geweihlosigkeit, und eine solche Operation bei einem Elchhirsch, der grade sein Geweih schiebt, entweder ein widersinniges Geweih erzeugt, oder aber verursacht, daß das bereits geschobene Geweih für Lebensdauer stehen bleibt. Auch wird die Wirkung der Kastration eine verschiedene sein, je nachdem sie eine teilweise oder gänzliche (mit Entfernung der Nebenhoden u. s. w.) ist.

Was Stärke der Geweihe, namentlich der Schaufelgeweihe, also ihre Größe, Schwere und die Zahl der Sprossen betrifft, steht

in der alten Welt wohl Sibirien und das Gouvernement Perm im
europäischen Rußland obenan. Davon kann man sich in dem groß=
artigen zoologischen Museum in St. Petersburg und in andern
Sammlungen in Rußland überzeugen, wo man Schaufelgeweihe
sieht, die eine Auslage bis 150 oder 160 cm., eine Schaufelbreite
von 30 bis 36 cm., und bis 30 Enden aufweisen. Solche Pracht=
stücke erreichen ein Gewicht von 16 bis 21 Kilo. Aber auch in
andern Gegenden Rußlands und in Skandinavien werden, wenn
auch von Jahr zu Jahr seltner, stattliche Elchgeweihe erbeutet.
Auf T. XIV—XVI Nr. 31—33 findet der Leser die Umrisse
einiger starker Geweihe dargestellt.

Viele sibirische Geweihe zeigen auffallend lange und starke
Tragstangen, wie das auf T. IX Nr. 20 abgebildete, im Besitz des
Herrn E. Büchner in Petersburg befindliche, aus Krassnojarsk
stammende, das gradezu an das Geweih des Alces latifrons
erinnert. Seine 21 cm. langen Tragstangen haben in der Mitte
20 cm. Umfang.

Die Geweihe der amerikanischen oder kanadischen Elchhirsche
übertreffen an Stärke und Gewicht im allgemeinen die der alten
Welt. Das stärkste bisher bekannt gewordene amerikanische Geweih
mit 43 Enden und einer größten Auslage von 190 cm. besaß
Herr W. F. Sheard in Takoma, Staat Washington. Viele Jahre
lang hatten Indianer in der Nähe des Forts Selkirk im Distrikt
Yukon einen kapitalen Elchhirsch beobachtet, den sie einen Hiuh=Elch
nannten, bis es einem Halbblut=Indianer nach viertägiger Verfolgung
gelang, ihn zu erlegen. Im Frühjahr darauf schafften dann eine
Anzahl weißer Jäger das kolossale Geweih nach Takoma. Dieses
Geweih (s. T. XVI, Nr. 34) soll sich jetzt nach Angabe des Herrn
R. Lydekker im Besitz des Herzogs von Westminster befinden. —
Nach einer Mitteilung des Herrn W. T. Hornaday wird dieses
Geweih noch durch ein anderes von 202 cm. Auslage an Stärke
übertroffen, welches aus Alaska stammt und im Field Kolumbian
Museum in Chikago sich befindet.

Nicht gar selten beobachtet man bei einzelnen Cerviden

weiblichen Geschlechts, so bei Ricken und, wenn auch seltner, bei
Rottieren, eine Art kümmerlicher und unregelmäßig gewechselter
Geweihbildung, und hat die Ursache dazu in Erkrankungen der
Fortpflanzungsorgane, in Sterilität und Hermaphroditismus erblickt.
Mir ist, trotz vielfacher Nachforschung, bisher nicht gelungen, eine
sichere Nachricht über einen derartigen Fall bei Elchkühen der alten
Welt zu erlangen. Dagegen sollen einige solcher Fälle beim
Moosedeer bemerkt und namentlich im Staate New-Brunswik eine
Elchkuh mit einem Gabelgeweih erlegt worden sein.

4. Lebensweise, Aesung, Krankheiten, Feinde.

Der nordische Mai mit seiner Wärme und wundervollen Lichtfülle ist angerückt und steigert die Pulsschläge in allem Lebenden. In den schon schneefreien Wäldern haben die Elche bereits ihre winterlichen Aesungsplätze verlassen und in einzelnen Gegenden, z. B. im Ural, ihre regelmäßige Wanderung zu den im Herbst verlassenen Sommerständen gemacht. Andere unternehmen kürzere Streifzüge, um sich an den Gaben des Frühlings, den frischen Trieben des Wollgrases, den schwellenden oder schon aufgeschlossenen Knospen oder dem jungen Laube gütlich zu tun. Die hochbeschlagene Elchkuh hat sich mit ihrem einen oder ihren beiden vorjährigen Kälbern von ihren Gefährten beiderlei Geschlechts gesondert. Von letzteren haben auch die Spießer bereits vor ein paar Monaten ihren geringen Kopfschmuck abgeworfen und sie und die älteren Hirsche ein mehr oder minder entwickeltes und berecktes Bast- oder Kolben-geweih geschoben. Bei allen hat auch der Haarwechsel bereits begonnen und die Decke beginnt eine dunklere Sommerfarbe zu zeigen.

Im grünenden Busch aber, an einem trockneren Platz in Brüchern oder auf Waldmooren, hat die Elchkuh ein Kalb oder Zwillingskälber gesetzt, sich selbst Geburtshelferin und ihren un-beholfenen Sprößlingen Amme und Wärterin. Nur anf kurze Zeiten verläßt die Mutter sie, um in der Nähe zu äsen, und erst wenn jene nach einigen Tagen ihre langen Läufe brauchen gelernt haben, wagt sie sich mit ihnen weiter hinaus. Balb regt sich auch bei den Kälbern die Spiellust, und in jugendlichem Mutwillen ver-folgt eins das andre und versucht es zu Boden zu werfen. Sorgsam wacht die Alte über das Wohl und die Sicherheit ihrer Jungen, und wehe dem Raubtiere oder Menschen, die sich ihnen nahen: zornig und ohne Besinnen nimmt sie die Feinde an und schlägt sie in die Flucht oder mit ihren Läufen zu Boden. So erzählte Herr H. Ilges mir, er sei Ende Juni 1899 mit seinem Dienstjäger in's Revier gegangen, um einen jungen Hühnerhund zu prüfen. Als sie aus einem Espenbestande auf eine Lichtung getreten, haben sie dort unerwartet eine Elchkuh mit einem Kalbe auf etwa 40 Gänge entfernt angetroffen, die sofort und in voller Wut sie angenommen habe; nur durch schleunigste Flucht in ein nahes Fichtendickicht und Verstecken darin haben sie sich retten können, und noch eine Viertel= stunde lang das zornige Tier in der Nähe umhertoben gehört.

Die jährigen, von der Mutter vernachlässigten Kälber machen um diese Zeit weitere Ausflüge und schließen sich auch gern den zweijährigen an, während die älteren Hirsche, deren Geweihe zu er= härten anfangen, meist gesondert ziehen, und, wo sie es ungestört können, lichtere Plätze im Walde, mit Strauch und Busch bestandene Räumden, Brandflächen u. drgl. m. besuchen. Der Haarwechsel bei allen setzt sich fort und ist etwa zu Ende Juni vollzogen, und die stärksten Hirsche haben dann auch schon das Fegen des Geweih= bastes begonnen oder gar schon beendet. Nahrungssorgen kennt unser Wild um diese Jahreszeit, wo alles grünt und blüht, nicht und findet den Speisetisch überall reichlich gedeckt, so daß es viel Feist ansetzt, der sich namentlich an den Körperseiten in Lagen bis zu drei Zoll Dicke ansammelt. Nur die Sommerhitze und die vielen kleinen Plagegeister aus der Insektenwelt werden unserm Wilde lästig, und daher sucht es gern Gewässer und Sümpfe auf, um in ihnen Kühlung und Schutz zu genießen und sich dort behaglich zu suhlen.

Im August oder in der ersten Hälfte September haben auch die jüngern Hirsche, Spießer und Gabler, gefegt, und ein Gefühl der Mannbarkeit, ein unbestimmtes Verlangen füllt ihre Seelen. Der ältern Hirsche aber bemächtigt sich alsdann, d. i. nach dem Geweihfegen, eine starke Aufregung: die Brunftzeit ist eingetreten.

Mit ihren neuen braungebeizten und blankenbigen Geweihen zer=
schlagen sie Aeste und Büsche, und wo sie auf Spuren der An=
wesenheit von weiblichen Artgenossen treffen, zerstampfen sie den
Boden und schlagen Gruben hinein. Dumpf dröhnen, zu Anfang
spärlicher, später aber, und zwar bis in den Oktober hinein, häufiger,
durch die Stille der Abend= und Morgendämmerung ihre vibrierenden
Brunstschreie, und sie treiben die noch unbesprungenen und spröderen
Schmaltiere oder die willigeren Muttertiere, welche entgegenkommend
das Waldesinnere verlassen haben, ohne sich jetzt um ihre ihnen
nachtrollenden Kälber zu kümmern; wird doch diesen die Mutter=
milch nicht mehr gereicht und sind sie zeitig angewiesen worden,
sich von Pflanzenkost zu nähren.

Gar manch ein heißer Kampf wird in dieser Zeit zwischen
den geweihten Rivalen ausgefochten und einzelne von ihnen ver=
hauchen ihr Leben unter den Stößen des Gegners; selbst die
Kälber werden eifersüchtig vertrieben. Haben dann im Oktober die
Leidenschaften sich gekühlt, so ziehen die abgebrunfteten Hirsche,
namentlich die älteren Herren, sich in die Dickichte und Brücher
zurück, indes die Jungkälber mit den Muttertieren oder auch mit
den Ein= und Zweijährigen umherziehen. Im Spätherbst sammeln
sich allmählich alte und junge zu kleinen Trupps und streifen mit
Vorliebe durch jungen Laubwald. Dabei trollt der in einem Rudel
gehende Hirsch in der Regel gleich dem Rothirsch hinter den andern
drein, sicherlich nicht aus Höflichkeit gegen das zartere Geschlecht,
sondern aus überlegter Vorsicht oder auch, falls er noch sein Geweih
auf hat, um den von den andern Gliedern des Rudels eingetretenen
Pfad bequemer und geräuschloser abschreiten zu können. Bisweilen
besteht ein Trupp auch nur aus Hirschen verschiedenen Alters oder
aber aus weiblichen Elchen und Kälbern.

Zu dieser Herbstzeit beginnt auch bei den Elchhirschen, zunächst
bei älteren, der Abwurf des Geweihes, welches ja seinen Zweck,
die natürliche Zuchtwahl zu unterstützen, erfüllt hat, und gleichzeitig
wird die Haardecke dicker und stärker. Höher und höher deckt nun
der Schnee den Boden und die Auswahl in der Aesung wird kärger

und einförmiger. Wird das Trollen durch den tiefen Schnee selbst den Riesenkräften der Elche zu beschwerlich und bildet sich dazu Krustenschnee, so schränken sie ihr Wandern ein und sammeln sich in Rudeln bis zu 10, 12 oder mehr Stück an geeigneten Plätzen, in mit Weiden und Espen bestockten Brüchern und auf Holzschlägen, selbst auch in Kiefernwäldern, womöglich in der Nähe von offenem Wasser, bis endlich der nahe Frühling ihnen wieder größere Freizügigkeit bringt und sie ihre Sommerreviere aufsuchen können.

Recht anschaulich schildert A. Baron Krüdener in „Hohe Jagd" (Verlag von P. Parey, S. 53) ein solches Sommerrevier in Livland, wobei er offenbar das etwa 120 ☐ Werst große, zwischen den Städten Walk und Wolmar sich dehnende, mir wohlbekannte Tirel=Moor, besonders dessen vegetationsreiche Ränder, vor Augen gehabt hat. „So mancher tüchtig=erprobte „Waldläufer" aus Deutschland" — so heißt es dort — „hat über den großartigen Charakter unserer Bruchwälder mit ihren an Dimensionen tropischen Vegetation sich baß verwundert, wenn er sie zum ersten Mal zu Gesicht bekam. Je nach dem Grade der Feuchtigkeit und der Beschaffenheit des Untergrundes in den Niederungsbecken und den sie durchbrechenden Inselerhebungen durchziehen in buntem Wechsel Sträucher von Faulbaum, Hasel, Schneeball, Spillbaum, Traubenkirsche, Eberesche, Waldlinde, Wachholder, Sal= und andre Weiden u. s. w. das Revier und bilden ein dichtes Unterholz, in welches das Fallholz sich bettet. Abhängig von Boden und Bestand, ist auch die Bodendecke eine durchaus verschiedene. Ueber den sandigen Hügelkuppen, die sich aus dem Schlammgrund erheben, herrscht die Rentierflechte vor, wird aber mit Zunahme des Humus von Heidel= und Preißelbeeren, Gränke=, Kassandra= und Bärentraube*) verdrängt. Der feuchtere humusreiche Sandboden zeigt Brennesseln und Farrenkräuter in einer Entwickelung, daß die Sonnenstrahlen nur selten bis zur

*) Anmerkung. Gränketraube oder Kienporst = Andromeda polifolia; Kassandratraube oder Entenweibe = A. calyculata; Bärentraube = Arctostaphylus officinalis. A. M.

Erde gelangen. Bei größerer Anhäufung von Rohhumusschichten haben sich auf vielen Plätzen Himbeersträucher in dichtem Stande ausgebreitet. Wo der Holzbestand, vorwiegend Birken, Schwarz= erlen, Weiden, Rottannen, Eschen und einzelne Kiefern, sich nicht vollständig im Schluß befindet, ist der Boden außer mit Sumpf= carexarten mit mannshohem Rohr und Schilf, mit Kalmus, Wasser= schierling und Wasser=Schwertlilie so dicht bewachsen, daß das hoch= läufige Wild, selbst wenn es in nächster Nähe steht, nicht wahr= genommen werden kann. Die wohlriechenden Nachtschatten, Mai= glöckchen und viele andre Pflanzen, Gräser und Kräuter, z. B. Sumpfporst, Schweins=Moosbeeren u. s. w., entsprießen in Menge diesem fruchtbaren „schwarzen“ Erdreich, so daß derartige Revier= teile jedem Naturforscher, ebenso dem Nichtjäger, des Interessanten die Fülle bieten“.

Als Winterstände bevorzugen die Elche gleich den Rehen Holzschläge, wo auch Espen gefällt worden sind. Den Tag über verhalten sie sich gewöhnlich still in Dickungen und ziehen erst nachmittags zur Aesung aus, um dann am Morgen wieder ihre Ruheplätze aufzusuchen. Wenn sie nicht gradezu vertrieben werden, so lassen sie sich durch das Lärmen naher Holzhauer oder durch vorüberziehende Holzfuhren nicht stören. Auf dem Gute K. im Werroschen Kreise Livlands hatte sich in einem mäßig großen Waldteil in einem Winter ein größeres Rudel eingefunden und verweilte dort viele Wochen, ohne sich um die 300—400 Schritte weit arbeitenden Holzfäller zu kümmern. In Bd. 39, Nr. 8 der „Deutschen Jäger=Zeitung“ berichtet der „alte Schwede“, daß im Februar 1902 in Schweden, in einem Vorgehölz unweit Sparbuen, ein „Flock“ von 37 Elchen, darunter mehrere kapitale Schaufler, Stand genommen und dort ungeachtet mehrfacher Störungen verharrt habe; die starken Schneefälle in den höhern Fjeldwäldern damals mögen sie dazu bewogen haben. — Auf solchen engen und längere Zeit benutzten winterlichen Aesungsplätzen ist dann der Schnee überall niedergetreten oder durch das Lagern zerdrückt.

Ihm zusagende Standorte besitzt der Elch auch in Preußen

in den Bezirken Königsberg und Gumbinnen; es sind das Hoch=
moore, die von altem Hochwald eingefaßt, von Brüchern mit
Roterlen, Weiden, Eschen und Eichen durchsprengt und von Fluß=
läufen durchschnitten sind, zu deren Seiten sich weite, lleber=
schwemmungen leicht ausgesetzte Wiesenflächen dehnen. Zur kalten
Jahreszeit wird den Elchen dort freilich der berüchtigte „Schacktarp",
dieser die Niederungen füllende zähe Brei von Eis, Schnee, Wasser
und Lehm, nicht selten verderblich.

Der Elch ist als ein Bewohner des Sumpfwaldes anzusehen,
wie das auch seine zum Betreten von Sumpfland geeigneten Läufe
und deren Hufbau andeuten. Doch scheut er keinegswegs trockne
Kiefernwälder, wenn sie nur einigen Unterwuchs und feuchtere
Stellen haben, ebenso auch nicht steiniges und gebirgiges Terrain,
vorausgesetzt, daß er dort zusagende Aesung findet. In Norwegen
durchzieht er bekanntlich die Fjelds mit ihren Geröllhalden und
Abhängen, im Olonetzschen Gouvernement die felsigen Höhenzüge,
in der Taiga Sibiriens die zerklüfteten Hügelgruppen, und in den
Felsengebirgen Nord=Amerikas fühlt er sich als mountain-moose
(Bergelch) noch in Höhen bis zu 9000 Fuß wohl und nur starke
Schneefälle treiben ihn zeitweilig tiefer herab.

Um zu ruhen oder wiederzukäuen tut sich der Elch nach Art
der Rinder auf dem Boden oder Schnee nieder, ohne zu plätzen,
d. h. ohne ein Bett auszuscharren, wie das Rothirsche, Rene und
Rehe machen; sein dichter Pelz schützt ihn gegen den kalten Boden
wie gegen die stärksten Fröste, und er übersteht auch den härtesten
Winter gut, falls er genügende Nahrung hat.

Sehen wir uns nun seine Nahrung oder A e s u n g
genauer an.

Die Zahl der von Elchen dazu genützten Pflanzen ist eine
auffallend große. Es sind das, soviel man bis jetzt beobachtet hat,
in Europa und Asien folgende Gewächse.

a. B ä u m e, S t r ä u c h e r und S t a u d e n. Espe,
Eberesche, Linde, Pappel, Ahorn, Faulbaum, verschiedene Weiden=
arten, als: Kriechweide (Salix repens), rosmarinblättrige

(S. rosmarinifolia ober incubea), gemeine Werftweibe (S. caprea), ferner: Schwarzerle, Hasel, Wachholder, Birke, Zwergbirke (Betula nana), Strauchbirke (B. fruticosa), Kiefer, warziger Spinbelbaum (Evonymus verrucosus), Heibekraut (Calluna ober Erica vulgaris), Sumpfporst (Ledum palustre), Himbeere (Rubus idaeus), Mamura= beere (R. arcticus), Brombeere (R. fructicosus), Heibelbeere (Vaccinium myrtillus) unb Preißelbeere (V. vitis idaea).

b. Sumpfpflanzen. Einige Wollgrasarten (Erio- phorum), Kuhblume (Caltha palustris), Fieberklee (Menyanthes trifoliata), Schilfrohr (Phragmites communis), Rohr= ober Reith= grasarten (Calamagrostis), Mummel (Nuphar luteum), weiße Seerose (Nymphea alba), Fünfblatt (Comarum palustre), gelbe Wasserlilie (Iris pseudacorus).

c. Andere Pflanzen. Rainfarren (Tanacetum vul- gare), Schafschwingel (Festuca ovina), Weiberich (Lythrum salicaria) [?], Weibenröschenarten (Epilobium), Löwenzahn (Leontodon taraxacum), Süß= ober Mannagras (Glyceria ober Festuca fluitans), Knöterich (Polygonum bistorta) [?], Klee, Erbsenstengel, grüner Hafer mit milchigen Körnern, Winterkorngras, grüner Lein, einige Moose unb Baumflechten, unb in Norwegen — offenbar seines Salzgehalts wegen — Seetang.

Im Bjelowescher Hegewalb hat man bemerkt, baß Elche im Frühjahr gierig Blüten unb Blätter ber schon erwähnten Kuh= ober Schmalzblume äsen.

In Norb=Amerika nehmen bie Elche außer gleichen ober nah= verwandten Pflanzenarten noch bie Kornelkirsche (Cornus alba) unb das Wintergrün (Gaultheria procumbens) an.

Bemerkenswert ist, baß keine ber hier genannten Pflanzen zu ben eigentlichen Giftgewächsen gehört. In einem ältern Jahrgang bes „Zoologischen Gartens" war gesagt, baß ber Elch sich auch an bem entschieben giftigen Wasserschierling (Cicuta virosa) vergreife. Das erscheint zweifelhaft unb ermangelt noch ber Bestätigung.

Viele ber angeführten Pflanzen sind gerbstoffhaltig, so: Erle, Kiefer, Eiche, Eberesche, Birke, Knöterich, Heibekraut, See=

roſe, Mummel, Weiderich, Sumpfporſt, Himbeere u. a. Die
Gerbſäure iſt chemiſch nahe mit dem Zucker verwandt und ſcheint
demnach ein guter Nahrungsſtoff zu ſein; doch iſt ihr Einfluß auf
die Verdauung und Ernährung warmblütiger Tiere bisher faſt
gar nicht erforſcht und nur in der Heilkunde wird ſie als
abſtringierendes Mittel verwendet. Gerbſtoffhaltige Pflanzen
ſcheinen dem Elche jedenfalls Bedürfnis zu ſein, und möglich, daß
ſie auf den Haar- und Geweihwuchs gedeihlich einwirken. Auch
Salzhaltiges hat der Elch wie alle Wiederkäuer gern.

Im Winter iſt das Elchwild hauptſächlich auf die unter a
genannten Baum- und Straucharten angewieſen, von welchen es
5—6 mm. dicke Zweige und Triebe mit den Knospen ſowie die
Rinden genießt; Sumpfporſt und Heidekraut werden nur in
Ermangelung eines Beſſeren angenommen und die Fichte oder Rot-
tanne im ganzen ſelten angegriffen. Dagegen ſcheinen ihm andre
Fichtenarten zu gefallen; ſo waren im Winter 1899 drei Elche in
den zum landwirtſchaftlichen Inſtitut Petrowo-Raſumowskoje bei
Moskau gehörigen Wald eingewechſelt und richteten dort unter einer
angepflanzten amerikaniſchen Fichtenart, vielleicht Abies nobilis
oder amabilis, empfindlichen Schaden an. Starke Stürme im
Winter gereichen allem Schalenwilde, auch dem Elche, inſofern zum
Vorteil, als es dann den Boden mit allerlei ihm zuſagender
Aeſung, mit abgebrochenen Zweigen, Baumflechten u. ſ. w. bedeckt
findet und leicht zu den Rinden der Fallbäume gelangt. Im
Hegewald Bjelowesch hat man bemerkt, daß das Wild dann die
Futterplätze verläßt und künſtliche Aeſung verſchmäht.

Dünnere Stämmchen reitet der Elch nieder oder hebt ſich ſteil
in die Höhe, um an ihre Krönchen zu gelangen. In die beliebten
Rinden der Espen, Ebereſchen und Eſchen ſchlägt er ſeine Schneidezähne meißelartig ein, reißt mit den Lippen Streifen von unten
nach oben zu ab und ſchält auf dieſe Weiſe nicht ſelten ganze
Stämme bis zu einer gewiſſen Höhe kahl. Sumpfpflanzen holt er
aus dem Waſſer und ſcheut ſich dabei keineswegs, mit dem Kopfe
unterzutauchen. In Norwegen und Oſt-Sibirien bilden die Zwerg-

und Strauchbirke im Winter eine Hauptäsung für ihn. Heuschober aber greift er, im Gegensatz zu Rehen, selten oder gar nicht an und scheint an ihnen nur zuweilen herum zu zupfen. Vom Boden nimmt er Aesung auf, indem er die Vorderläufe etwas spreizt oder einknickt, wie's auch kurzhalsige Pferde tun; das hat man u. a. in Finnland und Schweden beobachtet, wo er die Winterkornfelder, sobald die Saat im Frühjahr etwas in die Höhe geschossen, oft genug besucht. Bei aufgeschossenem Hafer oder blühendem Lein bedarf er, um zu äsen, keiner gezwungenen Stellung. Findet der Elch an seinem Standort zu wenig Aesung, so verläßt er ihn Augerweise und wandert so lange, bis er in ein besser ausgestattetes Revier gerät.

In der Gefangenschaft gewöhnt der Elch sich leicht an allerhand andere Kost, so an Schwarz= und Weißbrod, Hafer, Mehltrank, Obst; jedoch ist eine reichliche Zugabe seiner natürlichen Aesung, also Reiser der oben unter a genannten Baum= und Straucharten und anderes, zu seinem Wohlbefinden unerläßlich. Ebenso bedarf er des Trinkwassers, davon er in der Freiheit gar nicht selten schöpft; als Ersatz nimmt er im Notfall Schnee auf.

In freier Wildbahn hat der Elch die Gesellschaft oder Nähe andrer Cerviden allem Anschein nach nicht gern, verhält sich aber zu den einzelnen Arten verschieden. Am wenigsten stört ihn das Ren, dessen Verbreitungsgebiet das des Elches im Ural und in Sibirien vielfach berührt oder in es hineinragt. Auch ist die Aesung des Rens von der des Elches meist derart verschieden, daß ein Brotneid ausgeschlossen ist. Auch mit dem Reh verträgt sich der Elch, und Reviere, wo diese beiden Wildarten nebeneinander hausen, sind keine seltene Erscheinung. Dagegen scheint dem Elche die Nähe und Nachbarschaft von Rot= und Damwild, nach den im großen Wildgehege Bjelowesch gemachten Beobachtungen, unangenehm zu sein, zum Teil wohl infolge ihres unruhigen Wesens, hauptsächlich aber, weil sie ihm die Aesung verkürzen, und er entzieht sich sobald als möglich der Nähe dieser Sippschaft.

Der starke und abgehärtete Elch wird nicht grade wenig von

Krankheiten und kleinen und großen Feinden, Parasiten und Raubtieren, geplagt. Eine leichtere Krankheit bildet der Durchfall, von welchem er wie die meisten Wiederkäuer und auch die Pferde besonders bei rasch eintretender Frühlingswärme und dem dann stattfindenden Uebergang von trockner Winteräsung zum Grünfutter befallen wird. Selten mag auch bei Elchen die ansteckende und gefährliche Klauen= oder Maulseuche auftreten, ebenso die von der Leberegel (Distomum hepaticum) verursachte Leberfäule. Hingegen rafft der gleich der Cholera aus Asien stammende Milzbrand in seinen beiden Formen, der heftigen und mit Krämpfen verbundenen und der langsameren und Karbunkel erzeugenden, häufig genug eine größere Anzahl Elche hinweg. So sollen, nach des alten Hupel topographischen Nachrichten, im Jahre 1752 in Livland viel Elche an dieser Pest eingegangen sein. Auch im Sommer 1866 und 1885 war das der Fall, wo diese Seuche besonders heftig in den Ostseeprovinzen und in andern Teilen Rußlands wütete. Sie hat auch einigemal unter dem ostpreußischen und schwedischen Elchbestand beträchtlich aufgeräumt. Herr H. Ilges erzählt in den „Baltischen Waidmannsblättern", Bd. 1, S. 392, im Herbst 1900 seien in seinem Jagdrevier im Petersburger Gouvernement 40 Elche beiderlei Geschlechts an Milzbrand eingegangen gefunden worden, und in der Nähe haben auch die Kadaver dreier starker Bären gelegen, welche die Elchkörper angeschnitten hätten. — Ob eine Uebertragung dieser Seuche vom Rindvieh auf den Elch, etwa auf den Wald= weiden, stattfindet, wird sich schwer feststellen lassen.

Im selben Blatte, Bd. 2, S. 7 macht J. Baron von Wolff zu Lindenberg im Rigaschen Kreise darüber Mitteilung, daß in seiner Jagd im Jahre 1900 drei Elche erlegt wurden, die größere haarfreie und schorfige Flecken auf ihrer Decke gezeigt und wohl an einer Art Räude gelitten hätten. Auch Herr R. v. Antropoff in St. Petersburg schreibt mir, er habe etwas Aehnliches an einem von ihm im Dezember 1901 erlegten Elche bemerkt. Hoffentlich handelt es sich in diesen Fällen nicht um die bei Renen nicht selten auftretende schlimme Acarusräude, von den Russen tatar genannt, sondern um eine leichtere Form oder um Verletzungen andrer Art.

Von den äußern und innern Parasiten beim Elch seien hier folgende erwähnt. Die Hirschlausfliege (Lipoptena cervi) macht sich im Spätsommer und Herbst auf allen Elchständen auch dem Menschen im Haar und am Körper in unangenehmer Weise bemerkbar. Im Frühjahr und Sommer ist sie geflügelt und findet sich — in solcher Gestalt Ornithobia pallida genannt — hauptsächlich bei Vögeln, später aber ungeflügelt auf Haarwild. Sie wird durch Blutsaugerei nur lästig, nicht gefährlich. In Nord=Amerika soll eine Rabenart, Corvus canadensis, den Elchen folgen, um diese Fliegen abzupflücken. — Schlimmer schon ist die Dassel=fliege oder Hautbremse (Hypoderma actaeon). Deren Weibchen legen im Juni ihre Eier an die Haare des Elches; etwa ein halbes Jahr später finden sich dann die Larven im Zellgewebe der Haut, besonders am Rücken, wo sie eiternde Beulen erzeugen, bringen im nächsten Frühjahr heraus, fallen zu Boden und verpuppen sich in der Erde, um nach ein bis zwei Monaten als Fliegen ihr Leben fortzusetzen. — Am schlimmsten jedoch sind die Hummelfliegen oder Rachenbremsen (Cephenomyia ulrichii und Pharyngomyia picta), russisch strokà genannt, welche erstere auch in Nord=Amerika vorkommt. Ihre geflügelten Weibchen umschwärmen im Frühsommer die Elche und spritzen ihre Maden in deren Windfänge, wo diese die Schleimhäute heftig reizen und entzünden. Von dort aus verbreiten sich die Maden in die Nasen= und Rachenhöhle, ja selbst in den Kehlkopf, und behindern das Atmen und Schlucken der Tiere. Reif geworden verlassen sie ihren Aufenthalt durch das Geäse und den Windfang und verpuppen sich in der Erde. Sie bewirken ein Kümmern der Elche und nicht selten auch den Tod schwächerer Individuen. Es scheint, daß besonders die Elche in südlicheren Strichen, so z. B. im Grodnoschen Gouvernement Rußlands, durch sie zu leiden haben. Gewöhnlich verrät sich die Anwesenheit der Maden zunächst durch ein Husten der Elche, das bereits zu Anfang März bemerkbar wird, und im März und April fallen auch die meisten der von diesen Peinigern besetzten Elche. Bei der Section zeigen sich nicht selten ganze Klumpen von Maden in der Luftröhre.

Aus der erwähnten Gegend wird mir noch von einer andern Krankheit der Elche berichtet, deren Charakter und Namen noch nicht festgestellt worden ist. Der ganze Körper der damit behafteten Tiere ist mit haarlosen hellen Beulen oder Geschwülsten von Nuß= bis Faustgröße bedeckt und gewöhnlich erwiesen sich auch Leber und Lungen in krankhaftem Zustande. Diese Krankheit ist an keine Jahreszeit gebunden und wurde bisher bei andern Wildarten nicht bemerkt.

Zu den Schmarotzern des Elches wäre noch eine kleine und sehr bewegliche Zeckenart zu rechnen, die Herr Th. Lorenz in Moskau aus der Haardecke von im Herbst geschossenen Elchen herausgekämmt und dem bekannten Parasitenforscher Charles Rothschild in London zur nähern Bestimmung übersandt hat.

Unter den Raubtieren, welche dem Elch nachstellen, wären zu nennen: der Fjällfras, Luchs, Wolf, wildernde Hunde und der Tiger. Man hört auch davon reden, daß selbst so kleine Räuber wie Zobel, Edelmarder und großes Wiesel ihn angreifen; tollkühn freilich wären diese blutdürstigen Tierchen dazu genug, schaden können sie aber selbst einem Elchkalbe gewiß nicht, weil ihr Gebiß dessen Haut nicht durchbeißen kann. Der sprungfertige Luchs, der in allen Verbreitungs=Gebieten des Elches zu finden ist, und der etwas kleinere aber muskulöse und mit starkem Gebiß ausgestattete Fjällfras, welcher in der alten und neuen Welt heimisch ist, bewältigen ohne Zweifel drei bis vier Monate alte Elchkälber. Beide lauern diesem Wilde gewöhnlich an seinen Wechseln auf und werfen sich mit einem Sprunge auf es, um ihm den Hals zu zerbeißen. An erwachsene Elche mag sich der Luchs vielleicht auch mal wagen, gewiß aber ohne Erfolg, da er bald ab= geschüttelt oder an Bäumen abgestreift wird. Im Winter 1898 soll auf dem Gute Baucluse in Livland nach Spuren im Schnee fest= gestellt worden sein, daß ein Luchs ein erwachsenes Elen ange=

sprungen habe, doch bald von ihm abgestreift worden sei. — Der Bär schadet einem Elchstande wenig und mag nur hin und wieder einen Elch reißen; im Sommer ist er vorzugsweise Vegetarianer und im Winter ruht er untätig und bedürfnislos; auch wird ihm ein starker Elch Widerstand genug leisten. Nach seiner Gewohnheit reißt er einem von ihm geschlagenen Elche den Bauch auf, um zu den Eingeweiden zu gelangen, und bedeckt dann beim Fortgehen den Rest des Raubes mit Reisig und Moos. — Viel verderblicher dagegen wird den Elchen, jungen und alten, der Wolf, da er sie meist in Rotten jagt und niederreißt, ein Kalb außerdem auch leicht die Beute eines einzelnen Wolfes wird. In Norwegen hatten Wölfe in den Jahren 1825 bis 1845 die Elchzahl stark vermindert, und erst nachhaltige Verfolgung und Tilgung dieser Räuber steuerte dem Uebel. — Des Wolfes naher Vetter, der allen Jägern so ver- haßte wildernde Hund, hetzt und reißt vornehmlich Elchkälber, und wir finden in den „Balt. Waidmannsblätter", Bd. I, Seite 430, eine anschauliche Schilderung darüber von Herrn Förster A. Krenkel, in Estland. — Der Tiger endlich ist unstreitig im stande, auch den stärksten Elch zu überwältigen; zum Glück findet er sich aber nur in einem verhältnismäßig kleinen Teil des Verbreitungs = Gebiets der Elche vor, im Ussuri= und Amurgebiet, und leidet dort gewöhnlich auch keinen Mangel an andrer Beute, vornehmlich an Wildschweinen und Rehen.

Ueber den hartnäckigsten, schlimmsten und rohesten Feind des Elches, den Menschen, erzählen wir einiges in den Kapiteln 14 und 21.

5. Fortpflanzung.

In einem russischen Jagdjournal behauptete vor wenigen Jahren ein namentlich in ornithologischen Dingen bekannter Schriftsteller, der Elch, dessen Leben er gut kenne, lebe in Monogamie. Ich kann mir diesen Irrtum nur dadurch erklären, daß jener Herr einen Elchhirsch zur Brunftzeit zufällig nur mit einer Elchkuh hat ziehen sehen, was ja allerdings nicht selten vorkommt. Hat der Hirsch aber eine einzelne Kuh einige Tage begleitet und beschlagen, und weist sie ihn ab, so sucht er nach einer andern oder lieber nach einigen andern und zieht, falls er sie gefunden hat, mit ihnen. So viel Mutterwild freilich, wie etwa der Rothirsch, treibt er nicht zusammen und wohl höchst selten mag man einen kapitalen Elchhirsch mit mehr als 3 bis 5 Kühen zur Brunftzeit gesehen haben. Daher hat auch J. D. Caton nicht Unrecht, wenn er in seinem Werk über amerikanische Hirsche sagt, der Elch sei in seiner Lebensweise mehr monogam als andere Hirscharten oder die meisten Vierfüßler. Dennoch bleibt er ein richtiger Polygame wie die übrigen Cerviden= arten und wie die überwiegende Zahl der Säuger und Vögel, ganz abgesehen von andern Tierklassen, und das zeigt sich auch darin, daß der Hirsch sich nach der Brunft um die vordem heiß umworbenen Kühe und um die Familie gar nicht kümmert. Man könnte ein= wenden, damit, daß die Elchkuh gewöhnlich zwei Kälber verschiedenen Geschlechts zumal setze, sei bereits angedeutet, daß eine gleiche Anzahl männlicher und weiblicher Individuen vorhanden sein müsse, was auf eine Monogamie hinweise. Aber wir wissen noch wenig über das Zahlenverhältnis beider Geschlechter in der Wildnis, namentlich auch nicht, wie es sich in den verschiedenen Altersstufen der Elche damit verhält. Wären in Gegenden, wo der Mensch nicht störend und ändernd eingegriffen, selbst eine gleiche Anzahl männlicher und weiblicher Individuen vertreten, so spräche das noch nicht gegen die Polygamie: die geringern und schwächern Hirsche, von den älteren in Schach gehalten, kämen bei der Fortpflanzung nicht zur Geltung, was für eine kräftige Nachzucht nur von Vorteil sein kann.

Im Kapitel 3 erfuhren wir, daß die starken Hirsche ihr neues Geweih bereits im Juli und August (etwa von Mitte Juli bis Ende August), die jüngern später gefegt haben. Um diese Zeit sind, wenigstens in wärmeren Strichen der gemäßigten Zone, die Hirsche auch brunftbereit und strotzen gleichsam von Kraft. Wie bei fast allen Säugetierarten tritt der Begattungstrieb und die Zeugungs= fähigkeit, insbesondere beim männlichen Geschlecht, früher ein, bevor der Körper voll ausgewachsen, und so zeigt sich auch der kaum drei und ein halbes Jahr alte Spießer bereits brünftig, und ist ebenso die Schmalkuh im dritten Jahr zur Fortpflanzung fähig.

Gewöhnlich wird der Beginn der Brunftzeit frühestens vom Anfang September (also vom letzten Drittel des August a. St.) gerechnet. Ich bin der Ansicht, daß die Brunft, wenigstens in wärmeren Gegenden, früher beginnt, und zwar gleich nach beendetem Fegen, also etwa Mitte Juli (oder Ende Juli und Anfang August a. St.), und man sie nur deshalb bisher nicht beobachtet oder erkannt hat, weil sie sich gleichsam geräuschloser und heimlicher voll= zieht als später, und weil im Anfang der Elchhirsch auch weniger schreit als später. Namentlich verhält er sich auch stiller, so lange er sich in Gesellschaft einer noch nicht voll befriedigten Kuh befindet. — Diese Zeitbestimmung ergiebt sich schon aus einer einfachen Rechnung. In Kurland, Livland und südlicher belegenen Gouvernements Rußlands hat man bereits am 5.—7. Mai (oder 23.—25. April a. St.) frisch gesetzte Kälber gefunden. Da nun die Elchkuh mindestens 39 Wochen (oder 273 Tage) beschlagen geht, so folgt, daß eine Befruchtung schon im ersten Drittel des August (oder im letzten Drittel des Juli a. St.) stattgefunden haben muß. Die größere

4*

Polhöhe und Bodenhöhe einer Gegend, wohl auch rauhe Witterung und andere Ursachen, bewirken eine Verzögerung oder Verschiebung des Beginns der Brunftperiode und somit auch der Satzzeit, und in nördlicheren Gegenden Rußlands findet man daher noch zur Heuzeit, gegen Ende Juni, frischgesetzte Kälber. J. D. Caton (am a. O.) sagt auch vom Moosedeer, seine Brunftzeit beginne im September. Ob das in allen Elchgebieten Nord-Amerikas aber der Fall, bleibt unbestimmt.

Die Dauer der Brunftzeit läßt sich für eine gewisse Gegend nicht genau bestimmen und kann nur annähernd auf vier bis fünf Wochen geschätzt werden; etwa eben so lange mag auch die richtige oder normale Brünftigkeit des einzelnen Hirsches währen, wenn auch anzunehmen, daß unbefriedigte Hirsche noch länger ihren Brunftschrei hören lassen. Dagegen ist die Brünftigkeit der weiblichen Elche, wie allgemein bei Säugetieren weiblichen Geschlechts, von viel kürzerer Dauer und mag etwa nur vier bis fünf Tage anhalten, um dann vielleicht, wenn sie unbefriedigt blieb, nach einer Pause wieder auf kurze Zeit zu erscheinen und darnach, befriedigt oder unbefriedigt, für diesmal zu erlöschen. Die Altkühe werden wahrscheinlich früher brünftig als Schmalkühe, und das wird ebenso bei älteren Hirschen zutreffen. Zu dieser Zeit schwellen bei den Hirschen die Hoden und bei den Kühen die Eierstöcke an, und die Hirsche gewähren ein Bild stark erregter Leidenschaft. Ihre Lichter erhalten einen wilden und zornigen Ausdruck, unruhig ziehen sie in der Morgen- und Abenddämmerung umher und lassen von Zeit zu Zeit ihre dumpfen Brunftschreie ertönen, die wir bereits im Kapitel 2 kennen gelernt und die die Russen nicht unpassend ein „Stöhnen" nennen. Sie zerschlagen Aeste und Gebüsch oder reißen letzteres aus der Erde, sodaß es zuweilen im Geweih hängen bleibt. Mit tiefgesenktem Windfang spüren sie den Boden nach Fährten der Kühe ab und folgen diesen Fährten oder eilen zu den Kühen, welche auch durch gewisse Brunftlaute die Aufmerksamkeit auf sich lenken, dem Verlangen der Hirsche gegenüber aber zu Anfang gewöhnlich etwas spröde tun. Dieses Sprödetun, welches sich ja auch bei andern weiblichen Tieren bemerkbar macht, hat offenbar den von der Natur gewollten Zweck, alle Energie des männlichen Körpers und der Fortpflanzungsorgane zu dem Begattungsakt zu steigern. Mit Schmeicheleien, wie Belecken, und mit Gewalt, wie empfindlichen Geweihstößen, besiegt der Hirsch diese weibliche Zurückhaltung und erzwingt den Beschlag. Letzterer dauert nur kurze Zeit und wird mit einem lauten wiehernden Schrei des Hirsches eingeleitet. Der Beschlag wird gewöhnlich einigemal wiederholt, wobei auch Fehlversuche mitunterlaufen mögen.

Der starke Hirsch vertreibt eifersüchtig alle schwächern Hirsche oder Beihirsche, selbst auch Kälber, aus der Nähe seiner Kühe und kämpft erbittert mit wehrhaften Nebenbuhlern. Es scheint, als habe jede Hirschart zur Brunftzeit eine besondere Kampfart, einen Fechtkomment. Rehböcke prallen mehrfach auf einander los und versuchen sich die Köpfe zu beschädigen; Rothirsche, einmal an einander geraten, stoßen sich Kopf an Kopf und Geweih an Geweih hin und her; Elchhirsche aber versuchen, wie's scheint, zunächst einander zu Boden zu rennen, wonach der Gestürzte mit Stößen und Schlägen bearbeitet wird. Hier ein paar beobachtete Elchkämpfe. Der Buschwächter L. aus dem Wolmarshoffschen Forste Ohling in Livland erzählte, an einem Frühmorgen zur Brunftzeit habe am Fuße eines Hügels ein Elchhirsch mit sechsendigem Geweih einen starken Gabler angegriffen und zu Boden gerannt, worauf er eine kurze Strecke fortgezogen. Der wieder auf die Läufe gelangte Gabler sei den Hügel hinan geschritten und der Sechsender ihm gefolgt. Beim Zusammentreffen habe dann der Gabler den andern so wuchtig gegorkelt, daß jener gestürzt, eine Strecke abwärts geglitten und dort verendet sei. Die Stoßwunde habe sich am untern Teil der Vorderseite befunden. Vor dem Kampfe haben beide Hirsche Schreie ausgestoßen, während des Kampfes aber nicht. Einige Elchkühe hätten diesem tragischen Streit in der Nähe zugeschaut. Das Geweih des gefallenen Recken habe stark nach unten gekrümmte und daher zum Gorkeln wenig geeignete Vordersprossen besessen. — Ein Forstwächter im Bogorodschen Kreise des Gouvernements Moskau erzählte, er habe in der Brunftzeit ein starkes Schreien von Elchen gehört, sei darauf zugegangen und habe zwei kämpfende Hirsche erblickt, einen Zehnender und einen Gabler. Ersterer habe den Gabler zu Boden geworfen, sei vor ihm niedergekniet und habe ihm Geweihstöße in die Seite versetzt, wobei der Gabler schrecklich geschrieen. Im selben Augenblick seien drei Kühe herbeigetrollt und in der Nähe stehen geblieben. Der Zehnender habe sich sofort zu ihnen gesellt, der Gabler aber sich vom Boden erhoben und sich in's Dickicht geborgen. — Herr Oberjäger E. Bark teilt mir aus dem Bjelowescher Hegewald über Elchkämpfe folgendes mit: „Kämpfe zwischen Elchen habe ich in der Nähe nicht mit angesehen, weil's bereits zu dunkel war, wohl aber das Stampfen der Läufe, das Anprallen der Geweihe und das Brechen von Holz gehört. An einem Morgen fand ich einen frisch im Kampf verendeten, etwa fünf Jahr alten Gabler; die tötliche Stoßwunde befand sich hinter dem Blatt und hatte die Lunge verletzt; vermutlich war der Sieger ebenfalls ein starker Gabler gewesen. Bei andern niedergekämpften Exemplaren habe ich auch Stoßwunden am Halse gefunden, und in einzelnen Fällen waren neben den tötlichen Wunden auch noch Abdrücke von kleineren Verletzungen bemerkbar, welche offenbar von kürzeren Geweihenden herstammten. Mein Dienstkollege Herr R. hat im Herbst 1902 zwei gleichzeitig im Duell gefallene Hirsche gefunden, abermals Gabler. Bei dem einen saß die Todeswunde hinter dem rechten Blatt, bei dem andern hinter dem linken, und beim ersteren war die linke Hauptstange, beim andern die rechte schweißig. Beim Abdecken kamen unter der Haut schweißige Flecke zum Vorschein, die nur von Schlägen mit den Läufen herrühren konnten. Mehrfach auch ist von Dienstjägern beobachtet worden, daß beide Kämpfer sich nach Art der Pferde aufbäumten und dabei mit den Vorderläufen schlugen." — Die bei der Beschützung ihrer Kälber so tapfer und wehrhaft auftretende Elchkuh mischt sich nicht in den Streit der Hirsche und selbst der Tod ihres zeitweiligen Gatten dabei läßt sie gleichgiltig. Das ist leicht begreiflich; tritt doch bald ein anderer Liebhaber an die Stelle des gefallenen, um das auf Erhaltung der Art zielende Gebot der Natur zu erfüllen, und kümmert sich doch nach der Brunft kein Hirsch weiter um sie.

Ueber den Fund von verkämpften Elchgeweihen findet sich in der Litteratur nur ein Bericht aus Amerika in Richardsons Fauna bor. americana.

Zur Brunftzeit strömt der Elchhirsch einen durchbringenden und für unsere Nase nicht sehr angenehmen Brunftgeruch aus, doch aber nicht in dem Maße wie der Edelhirsch; auch besitzt die frisch abgedeckte Haut diesen Geruch in wenig wahrnehmbarer Weise. Ihn haben aber die frischen Gruben, welche der Hirsch, besonders zu Beginn der Brunft, in das Erdreich schlägt, indem er die Erde mit den Vorderläufen aushebt und nach hinten wirft. Es wurde bisher angenommen, daß der Hirsch diese Gruben hauptsächlich an Stellen auswerfe, an welchen eine Kuh genäßt habe, ferner daß er selbst an solchen Stellen gern nässe und der Geruch vom Urin herstamme. Herr Oberförster E. Baron Engelhardt, dem in Livland ein Elchrevier untersteht, spricht nun in einem Briefe an mich die Ansicht aus, dieser Geruch rühre von einer Sekretion der Klauen= drüsen her, welche der Hirsch beim Ausstampfen der Grube der Erde mitteile; er, E., habe Anzeichen davon, daß Hirsche in diese Gruben genäßt, nicht entdecken können, wohl aber sei der specifische Brunftgeruch deutlich an den Schalen eines frisch geschossenen Hirsches zu riechen. Diese Ansicht hat an sich nichts unwahr= scheinliches und erinnert mich an die Erzählung eines alten Ren= jägers, er habe auf steinigem Boden an Stellen, wo ein brünftiger Renhirsch einige Zeit verweilt habe, eine geringe Menge Feuchtigkeit bemerkt, welche den Brunftgeruch des Renes stark besessen habe. Immerhin könnte der Geruch in den erwähnten Erdgruben sowohl dem Urin als der Ausscheidung der Klauendrüsen zugeschrieben werden. Ob auch andre Drüsen, etwa die Metatarsaldrüsen, zur Brunftzeit Riechstoffe bereiten und somit als sexuelle Organe tätig sind, ist nicht festgestellt. Der Brunftgeruch kann nur den Zweck haben, die weiblichen Individuen anzulocken und anziehend auf sie zu wirken, und wir finden ihn, namentlich moschusartig riechend, bei einigen andern Tieren zur Fortpflanzungszeit, so beim männlichen Elefanten.

Daß auch die brünstige Kuh einen specifischen, wenn auch für die menschliche Nase nicht bemerkbaren Geruch, etwa aus ihrem Feuchtblatt, verbreitet, ist höchst wahrscheinlich, obgleich eine sichere Beobachtung darüber nicht vorliegt.

Der abgebrunftete Hirsch hat in dieser hochaufregenden Zeit den größten Teil seines Feistes und damit auch beträchtlich an Körpergewicht eingebüßt und zieht sich bald in Waldeseinsamkeit zurück, um sich von den Anstrengungen der Saison zu erholen und etwa im Kampfe erhaltene Schäden ausheilen zu lassen.

Von einer merkwürdigen Erscheinung berichtet der ebengenannte Herr Baron E. in den „Balt. Waidmannsblättern" (Bd. I, S. 213). „Zwischen dem 4. und 8. September", so heißt es da, „giebt es einen Abend, an dem die Elchhirsche auf einer relativ kleinen Fläche (des Hauptbrunftplatzes) zusammenkommen und ganz auffallend anhaltend und heftig ihre Rufe erschallen lassen. Ich habe mehrmals rund um mich herum die Rufe von fünfzehn Hirschen constatiren können."

Der allgewaltige Zeugungstrieb, besonders der ungenügend befriedigte, verleitet auch den Elchhirsch zu Verirrungen und Tollheiten. So mischt er sich zur Brunftzeit gar nicht selten unter weidende Rinderheerden, und in der „Deutschen Jäger = Zeitung", Bd. 25, Nr. 33, wird erzählt, auf einem Gute in Livland habe das Forstpersonal gesehen, daß eingegatterte Elchhirsche Rindkühe beschlagen haben. Von einer Befruchtung kann in solchen Fällen natürlich keine Rede sein.

Darüber, wie lange die Elchkuh beschlagen geht, also über die Trächtigkeitsdauer, liegen, soviel ich weiß, keine ganz sichern Beobachtungen vor; doch können wir diese Dauer mit einiger Richtigkeit auf 39 bis 40 Wochen veranschlagen, wie das auch schon G. Hartig, Dietrich aus dem Winckell u. a. getan haben. Bei den Cerviden wächst die Trächtigkeitsdauer mit der Körpergröße der einzelnen Arten und beträgt bei dem Reh etwa 20—21 Wochen, bei dem Dam= oder Axistier 31 und bei Rotwild und Wapiti ca. 39—40 Wochen. Auch die dem Elch an Größe nahestehenden Haustiere Rind und Pferd weisen eine ziemlich lange Trächtigkeits= Periode, im Mittel 41 und 48 Wochen, auf. Daher erscheint die von dem verstorbenen Livländer C. v. Löwis und andern angegebene Dauer von 35 oder 36 Wochen an sich unzutreffend. Wie bei allen Säugetieren schwankt auch beim Elch die Länge dieser Periode infolge verschiedener Einflüsse und erfährt durch sie eine Verkürzung oder Verlängerung. Doch sind uns diese Einflüsse noch recht dunkel, und z. B. ist es unbekannt, ob die Trächtigkeitsdauer etwa bei Zwillingsgeburten länger ist, als bei Geburt nur eines Kalbes, oder ob ein Hirschkalb länger getragen wird als ein Kuhkalb. Genauere Auskunft in dieser Hinsicht könnten Beobachtungen an gefangenen Elchkühen geben, wenn die bestimmenden Zeiten des Beschlages und der Geburt sicher angemerkt würden.

Wie bei Reh= und Rotwild wird auch die Elchkuh mitunter ein Opfer ihres Mutterberufes und geht hochbeschlagen durch einen unglücklichen Zufall ein. Herr H. Ilges aus St. Petersburg berichtet in der „Deutschen Jäger=Zeitung" (Bd. 35, Nr. 22), er habe am 30. April a. St. eine verendete Elchkuh ohne sichtbare äußere Verletzungen gefunden, bei welcher ein Kalb nur teilweise aus dem Feuchtblatt hervorgedrungen war; die Lage dieses Kalbes sowie die eines zweiten noch im Mutterleib befindlichen sei eine normale gewesen; Tierärzte hätten den Fall so erklärt, daß die Elchkuh etwa beim Ueberfallen eines Grabens oder dergleichen gestürzt wäre und sich dabei tötliche innere Verletzungen zu= gezogen habe.

Die Elchkuh setzt im Liegen und in der Regel nicht wie das Rottier nur ein, sondern zwei Kälber, immerhin für die Größe dieser Hirschart eine bemerkenswerte Fruchtbarkeit. Nur junge und ganz bejahrte Kühe setzen gewöhnlich ein Kalb zumal. Im Innern Rußlands behauptet man, die Zwillinge seien niemals weiblichen Geschlechts, selten genug beide männlichen, in der Regel aber verschiedenen Geschlechtes. Zwischen dem Setzen des einen und

des andern Kalbes liegt vermutlich eine Frist von reichlich einem
Tage, da man bei Elchkühen ein frisch gesetztes, noch ganz unbe=
holfenes und ein bereits zur Fortbewegung fähiges Kalb beisammen
gefunden hat. Ein bestätigter Fall darüber, daß eine Elchkuh
zumal drei Kälber zur Welt gebracht, ist bisher nicht bekannt
geworden, obgleich man davon reden hört.

Die Vermehrung ist bei Elchen im Verhältnis zu andern
großen Säugern, z. B. dem Rotwild, den Wildstieren und den
Elefanten, eine starke zu nennen. Bei richtigem Verhältnis der
Geschlechter zu einander und unter idealen Bedingungen könnte
jede Elchkuh, wenn ihre Mutterschaft nur eine fünfzehnjährige
Dauer hätte, mindestens 20 bis 25 Kälber zur Welt bringen.
Selbstverständlich finden wir in der Wildbahn keine solche idealen
Zustände, und gelte Kühe sind keine gar seltene Erscheinung, seien
sie nun zeitweilig oder dauernd unfruchtbar.

Als eine weise Vorsorge der Natur ist anzusehen, daß die
Satzeit in die warme Jahreszeit, den Mai und Juni, fällt, die
den zarten Kälbern gedeihlich ist und wo das Muttertier die
nötige reichliche Nahrung zur Milchbildung findet. Das frisch
gesetzte Kälbchen, welches nicht wie bei mehreren andern Hirscharten
gefleckt, sondern einfarbig ist, wird von der Mutter trocken geleckt
und kann bereits nach 3—4 Tagen gehen und ihr folgen. Es
wächst rasch heran und wird bis zur nächsten Brunftperiode, also
gegen drei Monate, gesäugt und gewöhnt sich dabei allmählich auch
an Pflanzenkost; es begleitet aber die Mutter noch länger und auch
noch im zweiten Jahr. Droht eine Gefahr, so birgt das junge
Kalb sich irgendwo am Boden, während die Mutter den Feind
fortzulocken oder abzuschlagen sucht. Ist das Kalb bereits stärker,
so flüchtet die Mutter mit ihm vor Gefahren. — Man hört wohl
davon sprechen, daß das Kalb länger als drei Monate gesäugt
werde, und ausnahmsweise mag das auch vorkommen. In solchen
Ausnahmefällen dürfte aber das längere Säugen wahrscheinlich das
Brünftigwerden des Muttertieres im nächsten Herbst in Frage stellen.

6. Sinne und geistiges Wesen.

Bevor ich im folgenden von den geistigen Fähigkeiten des Elches, seiner Intelligenz, spreche, möchte ich, um nicht mißverstanden zu werden, kurz andeuten, was ich unter dem geistigen Wesen eines Tieres begreife und wie ich mir den Unterschied zwischen Mensch und Tier im allgemeinen denke.

Der Körper der Tiere, namentlich der höhern Säugetiere, hat gewiß viel Aehnlichkeit und Verwandschaft mit dem des Menschen; hier wie dort neben andern Organen bestimmte Sinnesorgane und ein ausgebildetes Nervensystem mit seiner Zentral=Werkstätte, dem Gehirn; und je ausgebildeter und feiner die Nerven und Sinne beim Tiere, desto mehr nähert es sich in seelischer Beziehung dem Menschen, ohne ihn aber jemals zu erreichen. „Geist" in strengem Sinne besitzt das Tier nicht, wohl aber offenbart es seelische oder geistige Funktionen, die wir als Verstand, Ueberlegung, Intelligenz, Gedächtnis u. s. w. bezeichnen. Bei den Tieren bestimmt vorzugs= weise der Instinkt das Wollen und Tun, der freilich in einzelnen Fällen nahe an Ueberlegung und Berechnung streift, bei den Menschen aber vorzugsweise, neben dem Unbewußten oder dem Instinkt, die Ueberlegung, die Vernunft. Das Tier erfüllt also seine Aufgaben ohne klares Bewußtsein des Zwecks, und dazu ist es auch mit allen nötigen Fähigkeiten ausgestattet; sein Wille ist ein sinnlicher und gebundener, er entspringt aus den zur Erhaltung des Individuums und der Gattung eingepflanzten Trieben, und fast alle seine Hand= lungen sind Aeußerungen dieser beiden Triebe der Erhaltung oder lassen sich auf sie zurückdeuten, so sein Spielen im Jugendalter, sein Lieben und Hassen, seine Kampflust zur Begattungszeit, sein Verhalten in Gefahren, seine Wanderungen und seine Neigung zur Geselligkeit. Der Mensch vermag diese auch ihn stark beherrschenden Haupttriebe einzuschränken, ja ganz zu unterdrücken, wie das der Selbstmord und die freiwillige Ehelosigkeit bezeugen. — Das Tier hat keine Vorstellung über sich selbst; es besitzt Fertigkeiten, aber keine Kunst; ihm fehlt das richtige Sprachvermögen und damit auch die Tradition; ihm mangelt die Eitelkeit, diese beim mensch= lichen Tun überall mitspielende Triebfeder; es vermag mit sich selbst nicht unzufrieden zu sein; es kennt nicht wie der Mensch die Pflicht, ein Binden des Einzelwillens zu gunsten des allgemeinen Willens, der Sitte, des Gesetzes; es lebt nur der Gegenwart und ist ein reiner Materialist und Egoist.

Zwischen Menschen= und Tierseele besteht mithin, bei vieler Aehnlichkeit in der Anlage, ein wesentlicher Unterschied. Beim Menschengeschlecht ist im Lauf der Zeiten eine geistige Fortent= wickelung und Verfeinerung bemerkbar, bei Tiergeschlechtern aber ist solches, so weit und so lange wir sie bisher überblicken können, nicht der Fall; sie verharren in der ihnen einmal zugewiesenen niederen und engern Geistessphäre, können sich zu der höhern und weiteren des Menschen nicht hinaufschwingen, und der Abstand zwischen ihnen und den Menschen wird allgemach breiter und breiter.

Ehe wir nun über die geistigen Fähigkeiten und den Charakter des Elches urteilen, wollen wir zunächst seine Sinnesorgane etwas näher betrachten. Sie sind es ja, welche durch die empfangenen Reize und Eindrücke Vorstellungen erwecken, die sich dem Gedächtnis einprägen und den Antrieb zum Wollen und Handeln bilden, so unbewußt oder instinktiv diese Vorgänge bei einem Tiere auch geschehen mögen.

Unter den Sinnen des Elches steht wohl das G e h ö r den übrigen voran, und schon die Größe und Beweglichkeit der äußern Ohren oder Lauscher, der Schallfänger, deutet darauf hin. Uns Menschen fehlt ein Maßstab für die Feinhörigkeit der Tiere, wir können keine Stufenfolge darin aufstellen und wissen nicht, ob

z. B. Katzen, Fledermäuse, Schakale ein schärferes Ohr haben als etwa Hirsche oder Eulen. Diese Feinhörigkeit des Elches und andrer Hirscharten schützt sie häufig genug vor Gefahren und vereitelt oft alles Bemühen des birschenden Jägers, es sei denn, daß das durch starken Wind im Walde erzeugte Geräusch das Gehör des Wildes verwirrt. Dank den beweglichen Ohrmuscheln vermögen diese Tiere die Richtung, aus welcher ein Geräusch kommt, viel genauer als etwa der Mensch zu bestimmen. Bei so feinhörigen Tieren können wir selten feststellen, ob sie einen herannahenden Menschen früher gehört oder gewittert haben. Beim Elch behält das Gehör seine Schärfe offenbar bis in's hohe Alter und ist auch im Schlafe rege, wenigstens von allen Sinnen der regste.

Auch der G e r u c h s s i n n , die Witterung, ist beim Elch sehr ausgebildet, wenn er auch an Feinheit wahrscheinlich von dem andrer Tiere, etwa des Elefanten, Hundes, Wolfes und Wildschweins, übertroffen wird. Die Nase des Kulturmenschen können wir hier nicht in Vergleich ziehen; sie ist bereits so abgestumpft, daß sie z. B. die Blätter der meisten Pflanzen durch den Geruch nicht mehr unterscheiden kann, was die pflanzenfressenden Säuger gewiß vermögen. Menschen mit feiner Nase sind eine große Seltenheit, wie etwa der durch einen Gerichtsproceß in den vierziger Jahren v. Jhts. bekannt gewordene „Diebssucher" in Schlesien, welcher in einer größern Herrengesellschaft von jeder ihm gebrachten und von ihm berochenen Kopfbedeckung unfehlbar bestimmen konnte, welchem der Herren sie angehöre. — Der Elch vermag bei günstigem Luftzuge und freierem Raume einen Menschen bis nahezu auf einen Kilometer zu winden, und gewiß dient ihm auch die Witterung, namentlich zur Nachtzeit dazu, unter den verschiedenen Pflanzen die ihm zukömmlichen zur Aesung auszuwählen. Durch den Geruchssinn erkennen Elche auch die Art der sich ihnen mit dem Winde nähernden Tiere, ferner das Geschlecht ihrer Artgenossen, und die Hirsche zur Brunftzeit die Brünftigkeit der Kühe.

Weniger gut als diese beiden Sinne scheint beim Elch das G e s i c h t und das Vermögen, mittels der Augen (oder Lichter) ruhende Gegenstände zu unterscheiden und zu erkennen, sobald sie nicht auffallende und grelle Farben haben, obgleich der Bau der Augen an sich normal erscheint und das Gesichtsfeld ein ausgedehntes sein muß, da die Lichter weit hervorstehen. Vielleicht sind bei den meisten waldbewohnenden Säugern die Augen kurz eingestellt, also kurzsichtig, oder werden letzteres mit zunehmendem Alter, im Gegensatz zu den Tieren der Steppe und vielen hochfliegenden Vögeln.

Daß der Geschmackssinn des Elches gut entwickelt ist, müssen wir aus der großen Zahl der von ihm zur Aesung benutzten Pflanzengebilde, seinem Gefallen an salzhaltigen und gerbsauren Stoffen, und daraus schließen, daß er in der Gefangenschaft, ähnlich vielen andern Tieren, in gewissem Grade leckermäulig wird.

Der Gefühlssinn ist ein zusammengesetzter Begriff und vereinigt in sich mehrfache Fähigkeiten, so den Tastsinn, die Empfindung von Behagen und Unbehagen, Schmerz und Lust, von Aenderung der Temperatur, Erschütterung des Bodens und der Luft, von Müdigkeit, Hunger u. a. m. Die Organe des Gefühls sind bei allen höher stehenden Tieren, also auch beim Elch, durch den ganzen Körper und über seine Oberfläche ausgebreitet, ja selbst die Spitzen der Haare und die harten Hufe dienen dabei als Vermittler des Gefühls, mindestens als Tastorgane, als welche vom Elch wohl auch die sehr beweglichen Lippen des Geäses benutzt werden.

Zu diesen ausgebildeten Sinneswerkzeugen besitzt der Elch auch ein gut entwickeltes Gehirn, das sich aus Groß-, Mittel- und Kleingehirn zusammensetzt, ferner ein ausgebildetes System von Nervensträngen und Nervenfasern. Von vornherein wären wir demnach zu dem Schluß berechtigt, daß ein derart ausgestattetes Tier, wie der Elch, nicht unintelligent und stumpfsinnig sein könne, und berechtigt, gegen anders lautende Urteile mißtrauisch zu sein. Der verdienstvolle A. Brehm sagt in seinem „Thierleben", der Elch scheine hinsichtlich seiner geistigen Fähigkeiten sein plumpes und dummes Aussehen nicht Lügen zu strafen. Noch auffallender ist das Urteil eines Mannes, der Gelegenheit genug haben konnte, die Natur des Elchwildes zu beobachten, des verstorbenen Livländers

O. v. Löwis. In der Balt. Monatsschrift, Band 32, sagt er
wörtlich, der Elch sei „ein ungewöhnlich dummer, zu jeder Reflexion
auch in größter Lebensgefahr unfähiger, nur durch seine enorme
Körpergröße imponirender und seine absonderliche urweltliche Häßlich=
keit auffallender Wiederkäuer." Solche Urteile sind schwerlich auf
eigene ausreichende Beobachtungen gegründet, sondern in gutem
Glauben von andern übernommen, welche vielleicht nur in enger
Gefangenschaft gehaltene Exemplare oder junge Individuen vor Augen
gehabt oder einfach von der „plumpen und häßlichen" Körpergestalt
einen Trugschluß auf die geistigen Fähigkeiten gemacht haben. Wie
wenig unsre Neigung, aus der unserm Geschmack nach unschönen
und plumpen Gestalt eines Tieres auf eine stumpfe Seele zu
schließen, begründet ist, belehrt uns z. B. das Schwein und der
Elefant; und daß ein Tier „urweltlich" ist, sich also länger als
andre Arten durch gewaltige Zeitperioden mit allen ihren Wechsel=
fällen hat hindurch schlagen und behaupten können, dürfte doch eher
für seine Intelligenz als gegen sie zeugen.

Selbstverständlich dürfen wir uns zur Abschätzung der Intelli=
genz einer Tiergattung nicht an junge, unerfahrene und noch mit
der Jugendeselei behaftete, auch nicht an in enger Haft gehaltene
und falsch behandelte Individuen halten. Nur diejenigen Haustiere,
welche der Mensch auf's engste an sich zu binden für vorteilhaft
fand und mit denen er gleichsam auch geistig verkehrt, wie der Hund,
haben im gezähmten Zustande an Intelligenz gewonnen; andere
jedoch, welche wir unseres nähern Umgangs nicht würdigten, haben
an Intelligenz im Verhältnis zu ihren wildgebliebenen Stammgenossen
entschieden eingebüßt, wie Schaf und Rind. Auch daran, daß beim
Tier wie beim Menschen in hohem Alter eine Abstumpfung der
Sinne und des Intellekts eintritt, sei erinnert, ebenso, daß im all=
gemeinen männlich und weiblich sich seelisch verschieden verhalten und
weibliche Individuen nicht selten vertraulicher und sorgloser erscheinen,
gleichsam als appellierten sie infolge ihres geschlechtlichen Berufes
und ihrer geringern Wehrhaftigkeit an die Nachsicht und Ritterlichkeit
ihrer Widersacher. Zeitweilig wird ferner die Intelligenz, und

Ueberlegung bei den Tieren wie beim Menschen durch leiden=
schaftliche Erregung getrübt und geschwächt, so namentlich beim Elch
während der Brunftzeit, wo das mächtige Gebot der Erhaltung der
Art, das andre Gebot, die Erhaltung des Individuums und alle
mit ihm verknüpfte Vorsicht und Klugheit zeitweilig unterdrückt.

Nicht zu vergessen haben wir noch, daß jede Tierart in ihren
einzelnen Individuen einen Unterschied oder ein Mehr und Minder
von Begabung zeigt, sodaß wir klügere und dummere Einzelwesen
erkennen. Eine je höhere Stufe eine Tierart in der systematischen
Rangordnung einnimmt, desto größer erscheint auch dieser individuelle
Spielraum der Begabung, am größten beim Menschen. Ein
solches Mehr oder Minder müssen wir auch beim Elche gelten lassen.

Die geistige Begabung bei Tieren der Wildnis offenbart sich
am ehesten in der Weise, wie sie ihr Wohlsein wahren, ihren
Aufenthalt wählen, sich vor Plagen und Gefahren schützen, sich ihren
Feinden entziehen, und wie sie frühere, in dieser Hinsicht erworbene
Erfahrungen anwenden. Hier wird jeder erfahrene Elchjäger von
Erlebnissen zu berichten wissen, die in dieser Beziehung ein zweck=
mäßiges Benehmen des Elches und seine Klugheit dartun. So
machen ältere Hirsche nicht selten, bevor sie sich betten, einen zu
ihrer Fährte parallelen und von ihr etwas abstehenden Wibergang
und tun sich erst dann nieder, wobei sie den Kopf zu ihrer Fährte
hin wenden, um nicht von dort aus überrascht zu werden. Ebenso
machen sie auf der Flucht Bögen und Wibergänge, selbst im Wasser,
um ihre Verfolger zu täuschen, und fliehen, wo und sobald sie können,
mit dem Winde, gleich vielen andern Wildarten, um besser vernehmen
zu können. Die einzelnen Glieder eines Trupps treten bei längerem
Trollen in die Fährten des Leittieres, wie es u. a. auch bei Wölfen
geschieht, was nur den Zweck haben kann, bequemer und geräusch=
loser vorwärts zu kommen und die Anzahl der Glieder zu verheim=
lichen. Im Treiben weiß der Elch ungeachtet seiner Körpermasse
auch im dichten Busch so unhörbar einherzuschleichen und sich durch=
zudrücken, daß kein Ast knackt und kein Schneeanhang abgestreift
wird. Frische Menschenspuren und Schneeschuhspuren erscheinen den

Elchen verdächtig und machen sie vorsichtig und mißtrauisch. Baron
F. Nolde erzählt in seiner „Jägerpraxis", ein alter und starker
Elchhirsch, welcher wohl schon mehrere Treiben glücklich überstanden,
sei schließlich so gewitzigt gewesen, daß er gleich beim Beginn eines
Treibens durch die Treiberkette entwichen sei, bis man einmal die
Schützen hinter die Treiber postierte und ihn so zur Strecke brachte.
Der alte Dienstjäger A. Stützer berichtet mir, vor etwa 50 Jahren
habe sich im südlichen Teil des Pernauschen Kreises in Livland ein
starker und alter Schaufler von 32 Enden aufgehalten, welcher sich
allen Nachstellungen zu entziehen gewußt habe; zum Sommer sei er
regelmäßig über die Pernausche Seebucht in das nördlichere Kirch=
spiel Testama hinübergeronnen, zum Winter aber wieder zurück=
gekehrt, und habe dann seinen Stand unaufhörlich gewechselt und
große Streifzüge, so in's Salisburgsche Kirchspiel, gemacht, dabei
im Weiterziehen äsend. Ihn einzukreisen sei niemals gelungen.
Schließlich habe man ihn im Gouvernement Estland an einer Schuß=
wunde eingegangen gefunden.

Daß Elche einen guten Orientierungs= und Ortssinn nebst dem
damit verbundenen Gedächtnis besitzen, tritt bei ihren regelmäßigen
Wanderzügen (s. Kap. 10) zu Tage.

Wird der Elch lagernd oder äsend überrascht, so flieht er
nicht allemal gleich und blindlings wie viele andre Tiere, z. B.
der Rothirsch; öfter flüchtet er zunächst nur eine kurze Strecke, wenn
er noch nicht erkannt hat, ob und wiefern ihm Gefahr drohe; oder
er verweilt, um genauer zu winden oder zu sichern und abzuschätzen,
ob sich die Flucht für ihn, den starken, überhaupt lohne. Das
kann schwerlich ein einfältiges Benehmen genannt werden.

Dumm also können wir den Elch keineswegs heißen und an
Intelligenz steht er, wie mir scheint, keineswegs etwa dem Pferde
nach. Nur erscheint sein Benehmen bisweilen eigensinnig und —
offenbar im Gefühl seiner Kraft — trotzig. Die norwegische
Zeitung „Dovre" berichtet, im schneereichen Winter 1902 bewegten
sich Elche gern auf den schneefreien Bahndämmen, und ein Personen=
zug überraschte zwei von ihnen, die sich trotz aller Signale nicht

5

verscheuchen ließen, sondern dem Zuge voran liefen; selbst als der
Zug zum Stehen gebracht wurde und der Zugführer mit der roten
Signalflagge sie zu vertreiben suchte, verharrten sie und bedrohten
ihn mit Schlägen der Vorderläufe. So geschah's dann, daß sie
nach einer vier Kilometer langen Hetze zu Tode gefahren wurden.—
Ein ähnliches seltsames Benehmen rollenden Bahnzügen gegenüber
haben übrigens auch andre Tiere, so Pferde und Hunde, gezeigt.

Gereizt oder verwundet stellen sich Elche leicht zur Wehr und
nehmen ihre Feinde an, und zur Brunftzeit sind die Hirsche son=
derlich kampflustig und böse. Aus den vielen Erzählungen hierüber
seien hier ein paar mitgeteilt.

Im August 1835 stürzte sich ein starker Hirsch in Rönnen
(Kurland), der zwei Stunden lang von einer Hundemeute gehetzt
worden war, in den Usmaiten=See, um ihn zu durchrinnen. Zu
Boot verfolgt, kehrte er sich mit zornigen Lichtern und zurückgelegten
Lauschern gegen dasselbe, bis er durch Schüsse in den Kopf erlegt
wurde.

Der eifrige Elchjäger, Herr H. Ilges in St. Petersburg,
erzählte mir folgenden Vorfall. Er hatte am Morgen des 21.
September 1899 a. St., also noch zur Brunftzeit, mit Hilfe des
Lockrufes auf einem Sumpfe einen Schaufler geschossen, zu welchem
man nicht heranfahren konnte. Daher wurde der Hirsch von seinem
Dienstjäger am Orte zerwirkt und die einzelnen Wildpretstücke
wurden zum Wagen geschleppt. Als der Jäger die etwa 100 Pfund
schwere Decke trug, brachen plötzlich vier Schaufler aus dem Gebüsch
hervor und nahmen ihn an. Der Jäger warf die Decke zu
Boden, schleuderte sein Handbeil gegen den nächsten Hirsch und
flüchtete in's Dickicht. Später wurde die Decke zerstampft gefunden.

Einen „seltenen Zweikampf zwischen Mensch und Elch"
schildert A. Baron K. in Bd. II der „Baltischen Waidmannsblätter".
„Auf dem Gute Molodoi=Tud im Gouvernement Twer hatte mein
Freund U. Obrecht, Bevollmächtigter des Grafen S. D. Sch., Mitte
Oktober v. J. auf einer Revisionsfahrt begriffen und die über Nacht
gefallene Neue benutzend, eine kleine Gelegenheitsjagd auf Elche

veranstaltet, nachdem ihm gemeldet worden war, daß zwei Elche in einem nahe gelegenen Waldteil eingekreist seien. In Ermangelung von Treibern oder Bracken waren zwei Bauernhunde mitgenommen worden, die, auf eine frische Spur gebracht, als Verbeller nicht weniger brauchbar waren, als die echten Laiki. Sie stellten Elch und Bär vorzüglich und ließen sie nicht von der Stelle. — Den in den Kreis führenden Fährten gingen nun zwei Buschwächter, jeder mit einem Hunde an der Leine, nach, indes Herr O. und der anwesende Gutsverwalter E. sich auf die Wechsel gestellt hatten, auf denen aller Erwartung nach die Elche aus dem Revier ziehen würden. Die anfänglich zusammenführenden Fährten trennten sich nach einer Strecke, so daß an je eine ein Hund gelegt wurde, deren einer der Fährte, von Hause aus Hals gebend, folgte, während der andre stumm anzog. Wie es sich hernach erwies, war jener auf eine Elchkuh gestoßen, der andre jedoch auf einen Hirsch, den er auch sofort gestellt und laut verbellend nicht vom Platz gelassen hatte. Vor- sichtig sich durch das Dickicht schiebend, war der eine der Busch- wächter der Stimme des Hundes gefolgt, bis er, auf eine lichte Waldstelle gelangt, Hirsch und Hund auf etwa 30 Schritt vor sich sah. Laut rufend und winkend, um den Elch zur Flucht zu bewegen und so auf die Schützen zu lenken, wollte er grade näher gehen, als der Hirsch, seinen neuen Feind eräugend, urplötzlich auf ihn losstürmte. Der nur mit einem Beile bewaffnete Busch- wächter barg sich hinter einen dünnen Baum, und nun entspann sich ein verzweifelter Kampf zwischen dem wütend gewordenen Hirsche und dem ungenügend bewaffneten Menschen. Der Baum hinderte zum Glück den Elch, seine Vorderläufe, mit denen er seinen Feind niederzuschlagen suchte, mit Erfolg zu benutzen; auf sein gesenktes Haupt jedoch ließ das tapfere Buschwächterlein einen Beil- hieb nach dem andern niederfallen. Um den Baum herum wurde der Kampf immer hitziger geführt, schweißüberströmt und in Fetzen hing bereits das Geäse am Kopf des Tieres herab, doch immer verzweifelter wurde auch die Lage des armen Forstwarts, der endlich nach mehr als viertelstündiger harter Verteidigung am

Ende seiner Kräfte angelangt, laut um Hilfe rief. In diesem
Augenblick war zum Glück der andre Buschwächter in die Nähe
seines Gefährten gekommen und erschien nun, sich im Laufschritt
durch's Gestrüpp brechend, auf der Arena des sich seinem Ende
nähernden Dramas. Eine dem Elch auf's Blatt gesetzte Kugel
machte ihn stürzen, doch nur auf einen Augenblick; dann erhob er
sich und warf sich abermals, seinen neuen Feind nicht achtend, auf
den ersten, bis eine zweite Kugel ihn auf den Platz niederstreckte.
Der Hirsch war ein zweijähriger, also nicht mal einer von den
alten „bösen Herrn“.

Zu dieser Erzählung sei bemerkt, daß ein zweijähriger
männlicher Elch nicht als Hirsch, sondern als Hirschkalb zu bezeichnen
wäre, hier sich's aber vermutlich um einen dreiundeinhalbjährigen
Spießer gehandelt hat.

Auch Fälle mit schlimmerem Ausgang für den Menschen, als
die geschilderten, sind bekannt. In Bjelowesch, Gouvernement
Grodno, wurde vor einigen Jahren ein Bauer, der sich einem
angeschossenen Elchhirsch näherte, von diesem mit den Läufen und
dem Geweih derart übel zugerichtet, daß er am andern Tage im
Krankenhause verschied.

Daß in der Gefangenschaft aufgewachsene und einigermaßen
richtig behandelte Elche auch gradezu anmutende Charakterzüge
entwickeln, wird der Leser aus dem nächsten Kapitel entnehmen können.

7. Zähmung.

Schon im vorigen Kapitel wiesen wir darauf hin, daß durch die Domestication einzelne Tierarten, z. B. die Herdentiere Rind und Schaf, ihren wilden Verwandten gegenüber offenbar an geistiger Regsamkeit eingebüßt, andre aber, z. B. der Hund unleugbar gewonnen haben. Man sollte denken, der Verlust der Freiheit, die den natürlichen Gewohnheiten und Bedürfnissen nicht entsprechende Lebensweise und die Abstumpfung der auf die Sicherheit gerichteten Instinkte sowie die verminderte Sorge um die Nahrung hätten auf die Intelligenz sämtlicher Haustiere, auch des Hundes, einschläfernd und rückbildend einwirken müssen. Wenn das beim Hunde nicht der Fall, so läßt sich das, abgesehen von seiner größeren ursprünglichen Begabung, nur dem zuschreiben, daß der Mensch den Hund eines besonders nahen Umgangs gewürdigt hat, er auch gewöhnlich nicht herdenweise gehalten, sondern individuell behandelt wird.

Eine richtige Zähmung von Tieren der Wildnis kann nur bei jung eingefangenen oder in der Gefangenschaft geborenen Jungen erzielt werden, und das Ergebnis wird dann auch nach der Art der Behandlung ausfallen. Zunächst gilt es, die instinktive Scheu, die fast alle Tiere vor dem Menschen als seinem Hauptfeinde besitzen, zu beseitigen. Ferner wollen die individuellen Eigenschaften jedes Tieres berücksichtigt sein, und es wird viel davon abhängen, wer mit ihm umgeht und wie er es tut, ob es ein unwissender und roher Wärter oder ein einsichtiger und gebildeter Tierfreund ist. Sollte aber das Ergebnis einer zweckmäßig ausgeführten Zähmung eines Wildlings unsrer Erwartung nicht entsprechen, so wollen wir uns daran erinnern, daß es wohl nicht möglich ist, alle Anlagen eines der Freiheit und naturgemäßen Lebensart beraubten Tieres gleichmäßig zu entwickeln, und die Entwickelung der Intelligenz beim Tiere eine bestimmte Grenze hat.

Mit dem Elch nun sind nicht wenige und größtenteils auch gelungene Zähmungs= und Züchtungsversuche gemacht worden, so in Skandinavien, in den russischen Ostseeprovinzen und im Innern Rußlands, und zwar nicht immer aus Liebhaberei, sondern mit dem Ziel, die Kräfte, Schnelligkeit, Ausdauer und den Ortssinn dieser Hirschart auszunutzen. Ueber einige dieser Versuche, die freilich nur sporadisch und ohne Nachhaltigkeit waren, sei hier berichtet.

Karl IX. von Schweden soll zur Beförderung von Kourieren gezähmte Elche gebraucht haben, welche im Winter im Lauf eines Tages ganz unglaubliche Entfernungen, angeblich bis 36 schwedische Meilen, zurückgelegt haben sollen.

Im Ratsarchiv der Stadt Dorpat oder Jurjew in Livland soll eine Verordnung des Magistrats aus dem 17. Jahrhundert vorhanden sein, welche das Fahren mit Elchen in der Stadt untersagt, wahrscheinlich um Pferde nicht scheu zu machen.

Auf der Besitzung Lobanow im Wjäsmaschen Kreise des Gouvernements Smolensk waren in den 50=er Jahren des vorigen Jahrhunderts von einem gefangenen Elchpaare zehn Nachkömmlinge gezüchtet, die zu Fahrten benutzt wurden.

Baron A. v. Krüdener berichtet im „Zoologischen Garten", 26. Jahrgang, Nr. 11, folgendes: „Einen neuen Beweis für die vollständige Zähmbarkeit des Elches liefert die aus vier Stück bestehende Elenkolonie auf der Forstei des v. W.'schen Gutes Techelfer bei Dorpat. Vor vier Jahren wurde daselbst ein weibliches Kalb gefangen, welches bald so zahm wurde, daß man ihm vollständige Freiheit gewähren durfte. Diese letztere mißbrauchte es so wenig, daß es in seiner ersten Brunftperiode sogar einen starken „Bullen" (Hirsch) aus dem nahen Walde angelockt hatte und im drauffolgenden Frühling ein Kalb, glücklicherweise ein weibliches, in der Nähe des Forsthauses zur Welt brachte. Der

Mutter ist nun ein Glöckchen um den Hals gehängt, und auf einen
bestimmten Pfiff kommt sie wie ein gut dressirter Hund herbei.
Auffallend bleibt es, daß die Brakierhunde, die jede Elchfährte im
Wald eifrig und laut jagend verfolgen, die Spur dieses „zahmen
Wildes" unbeachtet lassen. Dem Kälbchen sind nun zwei Gespielen
beiderlei Geschlechts in einer Umzäunung zugesellt und man darf
mit Recht auf diesen Züchtungsversuch gespannt sein. Ein reicher
russischer Graf hat bei Moskau den Versuch, eine größere Anzahl
Elche in einem umfriedeten Park zu hegen, mit großem Glück
unternommen. Es verdient bemerkt zu werden, daß Elchwild in
der Gefangenschaft sich leicht an Brodnahrung gewöhnt".

Der russische Naturforscher L. S a b a n e j e w, welcher selbst
Elche gezähmt und gehalten hat, erzählt darüber folgendes: „Im Jahre
1865 überzeugte ich mich von der Notwendigkeit, Jungelchen natur=
gemäße Nahrung zu geben. Als ich im Juni jenes Jahres in
Jaroslaw war, erfuhr ich zufällig, daß im Uglitschen Kreise
im Tomarowschen Walde ein Bauer ein frisch gesetztes Elchkalb
gefunden, während die Mutter sich mit einem zweiten schon
bewegungsfähigen Kalbe entfernt hatte. Ich begab mich sogleich
hin und erstand das etwa bereits zehn Tage alte Hirschkälbchen;
es war, wohl aus Nahrungsmangel, sehr schwach und konnte kaum
schreiten, so daß ich es sechs Werst weit auf den Armen tragen
mußte. Trotz dieser Schwäche wog es aber doch schon über ein
Pud (16,4 Kilo) und zappelte derart mit den Läufen, daß ich
meine helle Not mit ihm hatte. Mehrere Tage mußte es mit den
Fingern mit Milch in der Weise, wie man's bei neugeborenen
Rindkälbern macht, getränkt werden, und erst nach einer Woche
begann es selbständig Milch zu schöpfen. Nach einem Monat
trank es bereits zwei große Krüge Milch zumal, und aus Sparsamkeit
begann man es mit anfänglich in Milch und später in Wasser
gerührtem Hafermehl sowie mit Brod und Heu zu füttern. Dabei
nahm es selbst auch Gras vom Boden auf, indem es die Vorder=
läufe spreizte und zuweilen kniete. Es ging und kam mit der
Viehherde und begab sich häufig zu einem Bach, um dort Weiden=

ruten zu äsen, was ohne Zweifel bewirkte, daß es den Winter über, wo es sich im Hofraum oder im Stall aufhalten mußte und nur Heu und Haferbrei bekam, ganz gesund blieb. Dieses Kalb wurde bald sehr zutraulich, kannte seinen Rufnamen gut, kam auf den Ruf herbei und hing der es wartenden Bäuerin sehr an. In der ersten Zeit suchte es stets die Gesellschaft der Kühe, die anfänglich vor ihm Scheu bezeigten. Hunde konnte es nicht leiden und bei ihrer Annäherung drückte es die Lauscher an, rollte die Lichter und schlug mit den Vorder= und Hinterläufen aus; nur mit einem Hündchen befreundete es sich später und tat ihm nichts zu Leide. Ueberhaupt war es sehr friedlich und ließ sich auch leicht an der Leine führen, so daß ich bereits dachte es einzufahren. Leider aber hatte man es in meiner Abwesenheit mit Hafermehl überfüttert, wodurch es im siebenten Monat einging."

Sehr anziehend und eingehend erzählt im russ. Jagdjournal „Priroda i ochota" ein Herr P. M. über zwei von ihm gehaltene Elchkälber und deren Aufzucht. „Ich lebte damals", so heißt es dort, „im Kassimowschen Kreise des Gouvernements Rjäsan, im Dorfe Wetschennaja. Im Januar 1870 jagte ich mit 5 Forstwächtern auf Elche, und als wir die Weidengebüsche in der Nähe des dortigen Sumpfes Kabj umkreisten, regten wir eine beschlagene Elchkuh auf, welche drei Faden von uns sich erhob und in die Büsche zog. Ich besprach den Vorfall mit meinen Begleitern, und das Ergebnis war, daß sie mir das zu erwartende Kalb für 10 Rubel zuzustellen sich erboten. Im April sah ich die Kuh abermals in einem Jungbirken= bestand in der Nähe der erwähnten Weidenbüsche. Am 27. Mai (a. St.) brachte mir einer der Forstwächter zwei frischgesetzte Kälber, ein Hirsch= und ein Kuhkalb, welche er mit einem Kameraden der Kuh abgenommen. Man bereitete ihnen ein weiches Lager und begann sie mit Milch aus der Saugflasche zu nähren, die sie be= gierig annahmen. Ein oder zwei Tage später führte man sie einer Kuh, welche eben gekalbt hatte und welcher man das Kalb fort= genommen, zu, und sehr bald hatten sich Pflegemutter und Pflege= kinder an einander gewöhnt und ergingen sich gemeinsam im Hofe.

Weil die Dorfjugend die Kälber aber durch ihre Zudringlichkeit und Liebkosungen stark belästigte, ließ ich im Garten einen Pferch mit einem Schirmdach gegen Sonne und Regen einrichten. Dorthin wurden die Kälber versetzt und die Kuh dreimal täglich zu ihnen gelassen. Nach etwa zwei Wochen begann man ihnen allerlei bittere Kräuter und dünne Zweige der Ebereschen, Aspen und Weiden vorzulegen, um herauszufinden, welche Gewächse ihrem Geschmack am meisten zusagten; auch gewöhnte man sie allmählich an Hafer= mehl in Milch. Etwa nach drei Monaten begannen die Kälber auch Roggenbrod sowie gequetschten Hafer und verschiedene bittere Kräuter zu genießen; ihre Lieblingsnahrung bildete aber Rain= farren oder Wurmkraut (Tanacetum vulgare). Im Alter von fünf Monaten wurden sie der Kuh entnommen, die sich derart an ihre Adoptivkinder gewöhnt hatte, daß sie beständig von der Weide fortlief, sich an die Umzäunung stellte und brüllte. Die Kälber gediehen in der Hürde gut, kamen willig auf den Lockruf „los-los" herbei und litten nur keine Kinder, welchen sie dadurch drohten, daß sie mit den Läufen auf den Boden schlugen, ähnlich wie's Schafe beim Anblick eines Hundes tun. Zu Erwachsenen kamen sie gern heran und unterließen dabei auch das Stampfen mit den Läufen.— Für den Winter wurde ein großer Vorrat von Rainfarren gesam= melt, in Bündel gebunden und unter's Dach gehängt, ferner wurden gegen zehn Fuder Weidenzweige angeführt und in einer Hofecke aufgespeichert, und als der erste Schnee fiel, führte man die Kälber in einen Stall über. Jeden Morgen wurden sie in's Freie gelassen, wo sie sich tummelten und an den Weidenreisern äseten, wobei sie die dünnen Zweige zerkauten, von dickeren Enden aber nur die Rinde genossen. Zu Ende des Winters wurde ihnen der Hofraum zu eng und sie besuchten das Dorf. Um sie leichter zu finden und zu verhüten, daß sie für wilde Elche gehalten würden, band man jedem eine Glocke um den Hals. Von der Dorfjugend wurden sie nicht mehr belästigt, seitdem sie einen Jungen mit den Vorderläufen zu Boden geworfen. Zum Futter bekamen sie Sumpfheu, je ein Bündel Rainfarren, zwei bis drei Handvoll Hafer und zweimal täglich eine Abkochung von Weidenrinde mit Hafermehl, außerdem von jedem Gliede meiner Familie und der meines Gehilfen gelegentlich ein Stück Brod. Zum Ergötzen von Jung und Alt ließ man sie häufig in die Wohnung kommen, wo sie nach Belieben umherzogen und sich in einem Spiegel beschauten. Später wurde dieser Spiegel jedesmal verhängt, weil bald der eine, bald der andre von ihnen sein Spiegelbild mit den Läufen zu attakieren begann. Solche Visiten wurden stets mit Brodstücken belohnt, und an diese Bewirtung hatten sie sich derart gewöhnt, daß sie am Morgen aus dem Stalle gradwegs zur Haustreppe kamen, die sechs Stufen aufstiegen und so lange an die Tür schlugen, bis ihnen geöffnet oder Brod gereicht wurde. — Ihr Schreien klang unangenehm und war den Stimmlauten anderer Tiere gar nicht ähnlich. Wasser tranken sie selbst im Sommer wenig und nur einmal tags am Morgen, zu welchem Zweck sie den Brunnentrog aufsuchten; dabei mußte der Brunnendeckel geschlossen gehalten werden, da sie ihn aus Neugierde mit den Köpfen aufhoben. — Als der Schnee abgegangen und der Garten trocken geworden, wurden sie, im Mai 1871, wieder in ihr Gehege daselbst gebracht, schienen sich dort aber sehr zu langweilen, weil sie nur in Gegenwart von Menschen Futter zu sich nehmen wollten und allein gelassen zu schreien begannen. Als sie sich an ihren Aufenthalt gewöhnt hatten, verzehrten sie alles, was man ihnen bot, selbst in Wasser aufbewahrte Aepfel, Zucker, frische und gesalzene Gurken, Kohlblätter, zogen aber Rainfarren allem vor und verzehrten ihn mitsamt den Wurzeln. Letzterer wuchs auf den Wiesen und Waldblößen in Menge, und jeder Waldwächter, Kutscher, Arbeiter und Hausbewohner erachtete es für eine angenehme Pflicht, diese Pflanze zu sammeln. Man brachte davon so viel herbei, daß die Ueberreste von jeder Fütterung bündelweise getrocknet und zum Winter aufgespeichert wurden. So lebten die Elche den Sommer über, bis sie im Winter wieder im Stalle untergebracht wurden. In jenem Winter besuchten sie mit Vorliebe die Dorfschenke des Koscheskin, wo der junge K. sie mit Oeltrestern bewirtete, ferner die anderthalb Werst entfernte Wohnung des Gemeindeschreibers am

Ende des Dorfes. Letzterer hatte die Elche mit Honigbrod derart
verwöhnt, daß sie ihn im obern Stockwerk aufsuchten, wobei sie die
Treppe stets Kopf voran auf und nieder stiegen. Zu Ende des
Winters ereignete sich zwischen den Elchen und dem Schenkwirt
ein ernsterer Streitfall. Als erstere eines Tags, an dem der junge
K. von Hause war, an die verschlossene vordere Tür der Schenke,
hinter welcher sich noch eine Glastür befand, anklopften, ärgerte sich
der alte K. und trieb sie mit der Peitsche fort. Kaum hatte er
aber den Rücken gekehrt, waren sie wieder da und setzten der Glastür
mit Schlägen derart zu, daß sie in Trümmer ging. Ich ließ nun
die Tür reparieren, und nach wie vor besuchten unsre Elche die
Schenke. — Den ganzen Winter über waren sie gesund, nur einmal
hatten sie, unbekannt woher, einen aufgetriebenen Leib, was durch
Reibungen und ein Klystier gehoben wurde. Leider verloren wir
zu Ende März durch eigne Unachtsamkeit das Kuhkalb. Mit Beginn
der hellern Tage regte sich bei den Elchen die Spiellust stärker.
Eine beliebte Spielweise dabei war die, daß das eine der Elche
einen Anlauf nahm, mit dem Nacken unter den Leib des andern
fuhr und es zu Boden warf. Kaum hatte der Geworfene sich er=
hoben, so liefen beide umher, und ehe man sich's versah, war der
andre auf gleiche Art zu Boden geworfen. Eines Tages aber schien
das Kuhkalb dieses Spieles überdrüssig zu sein, stellte sich neben
den Brunnen und äugte zwischen den Zaunstäben hindurch auf
die Straße, ohne auf die Sprünge seines Bruders zu achten.
Dieser trollte heran und versetzte seiner Schwester einen derartigen
Stoß, daß sie auf den Gitterdeckel des Brunnens fiel, durchbrach
und in der Tiefe verschwand. Wie versteinert stand und starrte
der Uebeltäter auf seinem Platz, bis wir ihn wegführten. Das
alles geschah vor meinen und meiner Angehörigen Augen, da
wir gerade auf der Haustreppe saßen und dem mutwilligen
Spielen zusahen. Sogleich wurde das abgestürzte Kalb heraus=
gezogen, jedoch bereits ohne Lebenszeichen und mit zerschlagenem
Schädel. Zu spät auch wurde nun der Brunnen mit einem so
starken Deckel versehen, daß er das Gewicht eines Elefanten ver=

tragen hätte. Kaum ließen wir am nächsten Tage das Hirschkalb frei, so lief es zum Brunnen, um seine Spielgenossin zu suchen, und wohl zehnmal täglich mußte man es vom Brunnen vertreiben, wo es den Deckel zu heben suchte, mit den Vorderläufen auf ihn sprang und ohne Unterlaß stöhnte. So grämte es sich über eine Woche und begann alsbann sich zu beruhigen. — Zu Ende April 1872 zeigten sich bei ihm auf der Stirn zwei Erhöhungen, welche ihm offenbar Unbehagen verursachten, da er unruhig wurde und den Kopf nicht anfassen ließ. Diese Erhöhungen oder Geschwülste wuchsen so rasch, daß sie nach zwei Wochen mindestens 11 cm. hoch waren; sie erhärteten dann und die sie bedeckende Haut begann von oben nach unten zu reißen, wobei viel Schweiß abging. Die Haut fiel in unregelmäßigen Fetzen ab und klebte an einigen Stellen an den knochigen Geweihstummeln. Der Elch mußte zu dieser Zeit wohl ein starkes Jucken an letzteren spüren, da er sie beständig an jedem vorragenden Gegenstande rieb. Er nahm wenig Nahrung zu sich und es schien ihm wohlzutun, wenn man das Geweih leicht rieb und einölte. — Den Sommer über verbrachte unser Schützling wie früher in der Hürde, war auch wie früher freundlich und hatte die Gesellschaft von Menschen gern, mochte aber noch immer keine Kinder leiden; fütterte man ihn und streichelte ihm den Leib, so reckte er sich vor Behagen, näherte sich ihm aber ein Kind, so warf er auf, legte die Lauscher an und stampfte. Im Winter verbrachte er nur die Nächte in seinem Stall und pflegte am Tage seine früheren Bekanntschaften. Im November begann er mit seinem Geweih, als ob es ihn belästige, gegen alles Feste zu schlagen, und ängstlich bemerkte man, wie er raschen Laufes und gesenkten Kopfes mit dem Geweih gegen die Wände stieß. Das linke Geweih schlug er zuerst ab und ging dann zehn Tage lang nur mit dem rechten umher. Dabei verlor er so viel Schweiß, daß dieser ihm über die Lichter und den Kopf rann, ließ die Abwurfstellen nicht antasten und nur mit Mühe einen Halfter anlegen und den rünstigen Schweiß abwaschen. Die Abwurf= stellen zeigten eine poröse und blutige Oberfläche, welche sich nach

einem Monat mit einem knolligen knöchernen Auswuchs bedeckte.
An der Rosenstelle wuchs dann die Haut ringförmig empor und
überzog, sich zusammenziehend, den Auswuchs. Zu Neujahr 1873
befand sich der Elch ganz wohl und wurde auf Wunsch einiger
Gäste in's Zimmer gerufen und mit Brod, Kuchen und Apfelsinen=
schalen bewirtet. — In jenem Jahre liefen über ihn mehrfache
Klagen ein, und zwar aus folgendem Grunde. Etwa anderthalb
Werst von uns befand sich das Dorf Borusowka, dessen Bewohner,
sobald der Herbst da war, gewerbsmäßig Bettel betrieben und mit
ihren Bettelsäcken auf dem Rücken alle umliegenden Ortschaften durch=
wanderten. Da nun fiel es unserm Elch ein, an den Früchten der
Bettelei teil zu nehmen, und sobald er einen Menschen mit dem Bettel=
sack erblickte, lief er auf ihn zu, faßte den Sack und zerrte daran, wobei
der Mensch umfiel, wenn er nicht vorzog, den Sack freiwillig fahren zu
lassen. Der Elch aber steckte seinen Wildfang in den Sack, vertilgte den
ganzen Inhalt und sah sich dann nach neuer Beute um. Infolge
der Klagen schlossen wir den Wegelagerer im Stalle ein, ließen ihn
aber, da er sich sehr zu langweilen schien, bald wieder auf den
verschlossenen Hofraum. Doch da man die Hofpforte häufig zu
schließen vergaß, nahm der Elch seine gewohnten Promenaden
wieder auf, besonders da die B.'schen Bettler alleweile ein Mittel
ersonnen hatten sich vor seinen Ueberfällen zu schützen; ein jeder
von ihnen nämlich trug jetzt im Busen eine trockene Brodrinde,
reichte sie dem Elch sobald er nahte und versteckte dabei den
Sack. So herrschte wieder Frieden und Freundschaft zwischen ihm
und den Nachbarn, wie überhaupt kein Mensch ihm feindlich gesinnt
war. — Gegen Hunde verfuhr unser Elch bemerkenswert taktisch.
Umringten sie ihn und umbellten ihn bis zur Heiserkeit, so ging er
im gemächlichsten Schritt und mit gesenktem Kopfe auf den einen
und den andern zu und beschnupperte sie, ohne jemals vor ihnen
zu fliehen. Mit unsern Haushunden vertrug er sich gut und genoß
nicht selten mit ihnen aus einem Troge Haferbrei. — Im April
1873, also zu Beginn seines dritten Lebensjahres, wuchs dem Elch
ein neues Geweih, und zwar die rechte Stange mit einem Gabel=

sproß; die Stange war 20 cm., der Sproß aber 7 cm. lang. Da der Elch stets gut bei Leibe und Gesundheit war, so erschien es immerhin auffällig, weshalb sich auch nicht die linke Stange gabelte. Er war damals schon recht stark und hoch, jedenfalls bedeutend stärker als seine Mutter, nur habe ich die Maße bereits vergessen. Sein Gewicht schätzten wir damals auf etwa 10 Pud (160 Kilo), und glaube ich mich in dieser Schätzung nicht zu irren, da ich Gelegenheit hatte, jährlich mindestens drei erlegte Elche abzu= wägen. — Den Sommer und Herbst verbrachte er in früherer Weise und war andauernd friedlich. Das Geweih schlug er zu Ende Oktober ab, und zwar abermals die linke Stange zuerst. Zum Winter wurde er womöglich noch friedlicher, ging willig wie ein Pferd an der Leine und ließ sich ruhig an den Lauschern zupfen, jeden der Läufe hochheben und sich kämmen, und letzteres zwar mit besonderem Wohlgefallen, wenn's am Bauch und vorn an der Brust geschah; nur litt er keine Berührung des Rückens. Menschliche Gesellschaft hatte er nach wie vor sehr gern und an trockenen Herbsttagen machte meine Familie selten einen Spaziergang, ohne vom Elch und zweien Neufoundländern, bisweilen auch noch von zweien Hühnerhunden begleitet zu sein. Oft begab sich diese ganze Gesellschaft in das drei Werst entfernte Dorf Kurschu, wo man bei dem Geistlichen einkehrte, während die Tiere vor der Tür sich lagerten. Es kam gar nicht vor, daß der Elch auf solchen Aus= flügen abseits zog oder vorauslief. — Im Jahre 1874 setzte unser Hirsch ein Gabelgeweih auf, das sich Mitte Mai zu entwickeln begann; nur waren die Stangen noch recht dünn und hatten an der Rose nur etwa einen Zoll im Durchmesser. — So lebte dieser Elch bis zum Sep= tember 1884 bei mir, bis ich in's Tambowsche Gouvernement über= siedeln mußte und es mir unmöglich war, ihn mit mir zu nehmen. Ich überließ ihn einem guten Bekannten, der ihn später dem Moskauer Zoologischen Garten übergab. Ueber sein ferneres Schicksal ist mir nichts bekannt geworden; die Erinnerung aber an dieses liebenswerte Geschöpf ist noch jetzt nach 14 Jahren in meiner Familie lebendig. Mir schien, als ob dieses starke Tier sehr wohl seine Kraft kannte, sie aber nie mißbrauchte".

Wir wollen es bei den mitgeteilten Erzählungen über Zähmungs=
versuche bewenden lassen. Die des Herrn M., die durchaus den
Eindruck der Wahrheit macht, zeigt uns deutlich, daß der Elch bei
richtiger Behandlung und Fütterung leicht zu zähmen und an den
Menschen und sein Haus zu binden ist, ferner, daß er keineswegs
jenes „dumme" Tier ist, als welches ihn einzelne Personen hinstellen,
vielmehr nicht geringe Intelligenz und angenehme Charakterzüge
offenbart. Zwar wird der in der Gefangenschaft gehaltene Elchhirsch
während der Brunftzeit aufgeregt, reizbar, ja auch bösartig erscheinen.
Doch könnte er alsdann ja in zeitweiliger Einzelhaft gehalten oder in
einzelnen Fällen an ihm die bei andern Haustieren übliche Castration
angewandt werden. Außerdem wird sich vielleicht auch beim Hauselch
die Brunftperiode allmählich verschieben und zeitlich ausdehnen und
dadurch an wilder Hitze einbüßen. Der Elch könnte, wenigstens
in der nördlich=gemäßigten Zone, Pferd und Rind zumal ersetzen
und sowohl zur Fortbewegung als auch als Schlachtvieh (Brr!
schaudert wohl manch ein Jäger bei diesem Worte) benutzt werden.
An Ausdauer im Lauf übertrifft er jedenfalls das Pferd, und sein
„Fleisch" ist an sich mindestens ebenso schmackhaft wie das des
Rindes und würde durch „Mästung" gewiß noch gewinnen. Wie
herrlich wär's, mit einem Gespann von vier Elchkühen dahinzusausen,
oder „hoch zu Elch", wenn er als Hirsch grade ein stattliches
Schaufelgeweih trägt, einher zu traben! Jedenfalls gäbe das ein
besseres Bild als der Tunguse auf seinem Reitren. Für den
findigen Menschengeist wär's ja ein leichtes, ein passendes Elchgeschirr
und zum Schutz der Schalen auf harter Straße einen zweckmäßigen
Fußschuh herzustellen. Aber, höre ich da einwenden, wird nicht
die Beschaffung des passenden Futters, all' der den Elchen
unentbehrlichen Bitterkräuter und gerbsäurehaltigen Stoffe schwierig
sein? Kaum; man würde Weiden, Espen, Zwergbirken u. a. m.
anpflanzen, und die Firma Spratts Patent würde gewiß gleich
gerbstoffhaltige elkfoods auf den Markt bringen.

Doch soweit wird es, wie mir scheint, in unserm Zeitalter der
dratlosen Telegraphie, des Automobils und der lenkbaren, aber

freilich noch recht störrischen Luftschiffe nicht sobald kommen. Bisher hat offenbar noch kein Bedürfnis vorgelegen, Pferd und Rind ihres alten Vorrechts als Haustiere zu berauben und durch den Elch zu ersetzen, und der „kalkulierende" Mensch hat wohl schon berechnet, daß es sich materiell nicht lohnen werde, wenigstens nicht in der gemäßigten Klimazone. Immerhin aber dürften Versuche in größerm Umfang, den Elch gleich dem Ren zu zähmen und zu züchten, für einzelne unwegsame nordische Gegenden Rußlands und Amerikas in Erwägung zu ziehen sein. Auch in naturwissenschaft=licher Hinsicht wären solche Versuche wünschenswert und lehrreich.

8. Fossile Reste. Frühere Verbreitung.

Ueber die Verbreitung des Elches in frühern Zeiten, namentlich auch in Gegenden, wo er gegenwärtig nicht mehr vorkommt, geben uns Funde von Resten dieser Tierart, also von Knochen und Geweihen, Ortsnamen, welche an sie erinnern, und Urkunden und Ueberlieferungen Auskunft. Bei in oder auf der Erde gefundenen Resten wird man ihre Beschaffenheit und Struktur sowie den Zustand ihrer Lagerstelle zu prüfen haben, um ihr ungefähres Alter ab= zuschätzen, auch sich zu fragen haben, ob nicht eine zufällige Ver= schleppung stattgehabt und ob in der Zeit, welcher der Fund mut= maßlich angehört, am Fundorte die nötigen Lebensbedingungen für das betreffende Tier vorhanden waren. Fände man z. B. im Austra= lischen Busch ein Elchgeweih, so müßte von vornherein angenommen werden, daß es zufällig hingeraten, da in Australien überhaupt keine Hirscharten leben oder, soviel wir wissen, gelebt haben.

Reste von hirschartigen Tieren sind, wie bereits früher erwähnt, in den Schichten der Tertiärzeit gefunden worden. Die meisten der in unsern Sammlungen vorhandenen Elchreste entstammen jedoch einer spätern geologischen Periode, der Quartär= oder Diluvialzeit, und zwar aus Ton= und Mergelschichten und aus Torfmooren, andre auch aus Höhlen und Pfahlbauten. Daß solche Reste vorzugsweise oder ausschließlich den quaternären Erdschichten entnommen sind, spricht noch nicht gegen die Möglichkeit, auch die der Tertiärzeit könnten sie enthalten oder enthalten haben. Grade die bereits einen festen Typus des Elches bezeugenden Stücke aus der Diluvialzeit deuten darauf hin, daß der Elch oder Arten von ihm bereits in frühern Zeitperioden bestanden haben können.

In Frankreich sind, in den Departements Sèvres, Puy=
de=Dôme und Charente=inférieure, verhältnismäßig spärliche Elchreste
gefunden worden. ebenso in Groß=Brittannien, das nach all=
gemeiner Annahme einst mit Frankreich durch Festland verbunden
war. Daß in England vormals auch der ausgestorbene Breitstirn=
Elch vorkam, hat der Leser schon aus Kapitel 1 erfahren. Ueber
das Vorkommen in Frankreich, dem „Lande der Celten", berichtet auch
der griechische Schriftsteller Pausanias (um 120 n. Chr.) in
seiner Periegese oder „Wanderung durch Griechenland". Die be=
treffende, nicht uninteressante Stelle (K. IX, 31, 3) lautet übersetzt:
„Es giebt auch ein wildes Tier, Alke geheißen, an Aussehen etwa
ein Mittelding zwischen Hirsch und Kameel. Es lebt im Keltenlande.
Von allen uns bekannten Tieren ist dieses das einzige, welches man
weder seiner Fährte nach aufspüren kann, noch läßt sich sein Auf=
enthalt irgend wie im voraus bestimmen. Dagegen kommt es wohl
vor, daß auf der Jagd nach anderem Wilde ein günstiger Zufall
einem auch einmal einen Elch zur Beute fallen läßt. Den Menschen
wittert der Elch, sagt man, auf beträchtliche Entfernung und dann
verbirgt er sich in den tiefsten Schluchten und Klüften. Wenn nun
die Jäger ein ebenes oder gebirgiges Waldterrain von mindestens
1000 Stadien (=185 Kilometer) im Umfange in so dichter Kette
umkreisen, daß diese auf keine Weise durchbrochen werden kann, so er=
beuten sie wohl in der Mitte des Terrains unter anderm Wilde
zuweilen auch einen Elch, wenn ein solcher grade auf jenem Terrain
sich aufhielt. Irgend eine andre Möglichkeit, eines Elches habhaft
zu werden, giebt es nicht, auch wenn man es noch so schlau anstellen
wollte." Doch schon im fünften und sechsten Jahrhundert n. Chr.
ist der Elch in Frankreich selten gewesen und um das Jahr 1000
ganz verschwunden. Der Schriftsteller Gaston Phöbus erwähnt
seiner in seinem Jagdwerk überhaupt nicht mehr.

In Dänemark sind Geweihe und Knochen vom Elch haupt=
sächlich in Torfmooren, und in Skandinavien, namentlich in
der südlichen Provinz Schonen, ganze Skelette und Geweihe mit
Resten vom Ur, Wisent und andern Wiederkäuern zusammen entdeckt

worden. Wahrscheinlich hat Skandinavien schon seit sehr langen Zeiten einen guten Elchbestand aufzuweisen gehabt. Auf einer Jagd in Nord-Westermanland, an der auch König Friedrich I. teilnahm, wurden am 20. Juli 1732 sechszehn Stück erlegt. — Bemerkenswert ist das frühere Vorkommen auf den A l a n d s - I n s e l n. Im Kriege zwischen Schweden und Rußland 1742 lieferten diese Inseln dem schwedischen Heere Hunderte von Elchen. Der letzte Elch soll dort 1778 erlegt worden sein. Da eine Reihe von Inseln Finnlands Küste mit den Alandsinseln verbindet, so ist es wahrscheinlich, daß Elche aus Finnland auf letztere, schwimmend oder über's Eis, geraten waren.

Reich an Funden von Elchresten ist D e u t s c h l a n d. Die Moore und Tonlager Hannovers und Pommerns haben starke Schaufel= geweihe und Knochenreste geliefert, und ähnliche Funde sind auch in Preußen, Mecklenburg, Sachsen, Schlesien, ja selbst in Würtem= berg und Bayern, wo die letzten Elche etwa im neunten Jahrhundert n. Chr. gehaust haben mögen, gemacht worden. In Schlesien stieß man in einer Mergelschicht, die von 8 bis 10 Fuß dickem Torf und von ca. zwei Fuß Sand und Dammerde bedeckt war, auf Elchgeweihe mit Resten von Mammut, Ur, Ren u. a. Allgemein bekannt sein dürfte, was J u l i u s   C a e s a r in seinem bellum gallicum, lib. VI, 26., über dieses Wild fabelt. Von seinem Vorhandensein und auch von der Jagd auf ihn geben ferner viele Urkunden und Schriften aus dem Anfang des Mittelalters Kunde, so das Nibelungenlied und Kaiserliche Erlasse aus den Jahren 943, 1006 und 1025. Eine vom Kaiser O t t o   d e m   G r o ß e n ausgestellte Urkunde v. J. 943 lautet, aus dem Latein übersetzt: „Niemand darf sich ohne Er= laubnis des Bischofs Baldrich gestatten im Drenter Forste Hirsche, Bären, Rehe, Schweine und vor allem diejenigen Tiere zu bejagen, welche im Deutschen elo oder schelo genannt werden." — Im 11. und 12. Jahrhundert aber begann in Deutschland der Elch stark zu schwinden, und nach Angabe des gelehrten Bischofs A l b e r t u s   M a g n u s († 1280) gab's zu seiner Zeit nur noch in Preußen und Ungarn nennenswerte Elchbestände. Uebrigens mögen damals auch

6*

noch welche in Böhmen und Schlesien gewesen sein. Vom 16. bis zum 18. Jahrhundert findet sich der Elch nur noch etwas zahlreicher in Preußen; so wurden unter Friedrich dem Großen in den Kapornschen Wäldern in Ostpreußen im Jahr 1718 vierzig Schaufler erlegt. Seitdem hat der Bestand in Preußen, der im 16. Jahrhundert unter den Hohenzollernfürsten sehr geschont und gehegt wurde, vielfach gewechselt. Im Jahr 1728 zählte man noch 705 Stück, 1849 aber, nach der berüchtigten kurzen Zeit der „Jagdfreiheit" nur 11 Stück. Döbel in seiner 1752 erschienenen „Jägerpraktika" erwähnt, der Elch komme noch in Sachsen, in der Mark Brandenburg und im Anhalt-Dessauischen vor, und Graf Ch. von Haugwitz († 1832) erwähnt, daß in Schlesien von 1725 bis 1776 hin und wieder ein Elch erlegt worden ist, der letzte einheimische im Jahr 1776 im Kreise Lublinitz. In Sachsen, wenigstens im frühern Kurfürstentum, müssen Elche schon zu Beginn des 17. Jahrhunderts eine große Seltenheit gewesen sein, denn die uns vom alten Johann Tänzer überlieferte Schußliste des großen Nimrods, Herzogs Johann Georg I., welcher eine Unzahl verschiedenen Wildes, darunter allein 15740 Edelhirsche erlegt hat, enthält keinen einzigen Elch aufgezählt. Im Königreich Sachsen soll der letzte Elch 1746 und in Galizien 1760 geschossen worden sein. —

Ferner sind fossile Elchreste zu Tage gefördert worden in Belgien, Holland, Ungarn, Türkei, Tirol (im Salzkammergut ein Schaufelgeweih zusammen mit Wisenthörnern, sowie im Jahre 1879 bei Grubegg im Längtale und auf der Schartenalpe in tiefen Felsspalten Geweihteile und Knochen von zwei Elchschauflern), im Alluvium des Po in der Lombardei, und in der Schweiz. In letzterm Lande fand man in den Cantonen Luzern und Thurgau je ein Geweih und kleinere Reste in den Kulturschichten der Pfahlbauten, deren Alter man auf etwa 5000 Jahre veranschlagt hat. Auf welchem Wege Elche in die nach Norden durch die Alpen abgeschlossene lombardische Ebene gelangt sein können, bleibt rätselhaft.

In Rußland hat man fossile Elchreste gefunden in Finnland, den Ostseeprovinzen, Polen und in den Gouvernements Petersburg.

Nowgorod, Pskow, Grodno, Kostroma, Moskau, Orel, Charkow, Simbirsk und Pensa, ferner im Altai-Gebiet. Im Jahre 1898 wurden in der Stadt Nowgorod beim Legen einer Wasserleitung in einer Tiefe von zwei Faden eine Menge Elchgeweihe ausgegraben. Bis jetzt aber ist die Ausbeute von Fossilien in diesem räumlich so großen Reiche im ganzen eine sehr geringe. Einzelne Ortsnamen in Rußland erinnern an ein früheres Vorkommen, so Lossowa im Kreise Woltschansk des Charkowschen, und Lossjewka im Kreise Pawlograd des Jekaterinoslawschen Gouvernements, auch die finnische Bezeichnung hirwi-saari (Hirschinsel) für den Stadtteil Wassili-Ostrow von St. Petersburg.

Im europäischen Rußland reichte in frühern Jahrhunderten die Waldzone viel südlicher als in der Gegenwart, so bis in die Flußgebiete des Don und der Deßna und zum Quellgebiet des Dnepr, und waren in diesen, heute zum entwaldeten Schwarzerde- und Steppengebiet gezählten Gegenden gewiß auch Elche vorhanden. Nach Aufzeichnungen des österreichischen Gesandten S i e g m u n d v. H e r b e r s t e i n († 1566) in seinen Rerum Moscovitarum commentarii gab's im damaligen Littauen, d. i. in den jetzigen Gouvernements Witebsk, Kowno, Suwalki, Wilno und Grodno zahlreiche Elche. Von den Heerscharen des Zaren Joann Grosny wurden um 1550 bei seinem Zuge nach Kasan daselbst, besonders im großen Muromschen Walde, viel Elche angetroffen, und Schriften aus dem 17. und 18. Jahrhundert bezeugen, daß sie vielfach in Polen und Kurland, weiter auch in den Gouvernements Kiew, Tschernigow, Charkow, ja auch Poltawa, Saratow, Tambow, Simbirsk, Kaluga u. a. vorhanden waren. Noch 1828 waren in Polen, im Raygrodschen Walde bei Augustowo, Elche vorhanden, doch seit etwa 1840 sind in Polen keine mehr gesehen worden. — In den sechsziger Jahren des vorigen Jahrhunderts verlautete, es hätten Elche einst auch im Kaukasus gelebt. Das hat sich aber durch die Untersuchungen M. B o g d a n o w s (mitgeteilt im russ. Journal für „Jagd und Pferdezucht" für 1873) als Irrtum erwiesen und man hat dort auch keine fossilen Reste zu Tage gefördert. — In den russischen Ostseeprovinzen sind mehrfach solche Reste an's Licht gelangt, so 1830 das Geweih eines jüngern Elches bei Fellin in Livland, ein Geweih bei Pühalep auf der Insel Dagden, ein starkes Geweih mit einem Schädelstück in Wolmarshof bei Wolmar, drei Geweihe bei Lisden im Wolmarschen Kreise, eine Geweihhälfte im Kreise Harrien in Estland (s. Tab. I Nr. 3), ferner allerlei Reste in dem subfossilen Küchenschutt bei Ottenhof am Salisfluß und im Torf des Gutes Groß=Congota bei Dorpat oder Jurjew.

Neuere geologische Forschungen haben ergeben, daß an der Nordküste Sibiriens die Wälder an einigen Stellen, wo jetzt öde[s]te Tundra sich ausbreitet, einst bis zum Eismeer reichten und Pflanzen aufwiesen, die den in der subpolaren Zone wachsenden gleich oder nahe verwandt waren, so z. B. Kiefern, Pappeln, Weiden, Eschen, Linden, Ahorn, Birken, Ebereschen, Schneeball, Hasel, Gagel, Sumpfklee, Cyperngras u. a. m. Damals hausten in diesen Wäldern neben Mammuts, Nashörnern, Uren und Wisenten auch Elche und zogen sich, als das Klima rauher wurde und die Wälder zu schwinden begannen, allmählich südlicher und wohl auch westlicher nach Europa, vielleicht auch östlich nach Nord=Amerika.

Auch in Nord=Amerika war der Elch früher viel weiter nach Süden verbreitet als gegenwärtig, und zwar bis zum Ohio=River in den Staaten Kentucky und Virginien, also bis zum 38° oder 39° n. Br. hinab. In den Vereinigten Staaten erinnern noch einzelne Ortsnamen in Gegenden, wo der Elch nicht mehr vorkommt, an sein einstiges Dasein, so in Kalifornien die Elkhorn=Plaines, in Colorado die Elk=Mountaines, in Nebraska der Elkhorn=River, in Kentucky und Maryland die Orte Elkton, in West=Virginia die Ortschaft Elkhorn und in Nord=Newyork der Big=Moose=Lake und der Moose=River.

Das Alter fossiler Elchreste läßt sich, wenn überhaupt, so doch nur annähernd schätzen und spielen dabei einige Jahrhunderte mehr oder weniger keine Rolle. Auch hat ja auf die Conservierung der Fossilien die Beschaffenheit der Fundstelle großen Einfluß. Eines aber erhellt deutlich beim Ueberblicken der in unsern Sammlungen auf=

bewahrten Elchreste: daß der Typus sich seit vielen Jahrtausenden sowohl in der Körper= als in der Geweihform ungemein beständig bis zur Gegenwart erhalten hat und kaum bemerkbare Aenderungen zeigt; die Form und Größe der Knochen und Geweihe fossilen Ursprungs ist dieselbe, die der recente Elch zeigt. (S. T. I, Nr. 1—3). Das spricht dafür, daß der Elch allzeit und allwärts die gleichen Lebensbedingungen, also vornehmlich das nämliche Klima und die nämliche Aesung gefunden oder aufgesucht hat und dadurch vor der Verzweigung in Arten bewahrt worden ist. Zwar haben verschiedene gelehrte Herren (H. v. Meyer, Fischer v. Waldheim, Pusch, Pictet u. a.) aus den fossilen Resten des Elchs verschiedene Species herausfinden oder construieren wollen und ihnen die Namen Cervus alces fossilis, Alces leptocephalus, A. savinus, A. resupinatus, Cervus fellinus etc. verliehen, wobei hauptsächlich einige anscheinende Abweichungen im Bau der Geweihe zur Begründung dienen mußten. Neuerlich hat auch Professor A. Inostranzew in seiner 1882 erschienenen russischen Abhandlung „Der prähistorische Mensch der Steinzeit am Ladoga-Ufer" aus einzelnen, angeblich aus der Steinzeit stammenden Schädelresten des Elches geschlossen, der frühere Elch sei größer gewesen, als der jetzige. Aber schon 1870 hat der russische Akademiker J. F. Brandt in seinem Buche: „Beiträge zur Naturgeschichte des Elens ec." die Unhaltbarkeit solcher Aufstellung von Varietäten nachgewiesen.

Aus den oben angeführten Nachrichten sehen wir, daß der Elch einen ungemein ausgedehnten Teil der alten Welt bewohnt hat, der teils in der polaren, teils in der gemäßigten Zone liegt und von den Nordgestaden Sibiriens westlich bis Skandinavien und England, südlich bis zum Altai, ferner beinahe bis zum Schwarzmeer, bis in die Türkei und bis zur lombardischen Ebene, und östlich wahrscheinlich bis zum Stillen Ocean reichte, während sein jetziges Verbreitungsgebiet viel enger ist und mehr den centralen Teil des früheren bildet. Aehnlich ist das auch in der neuen Welt der Fall.

Selbstverständlich aber hat diese Hirschart nicht alle diese Gebiete gleichzeitig, etwa in einer gewissen geologischen Periode, bewohnt, sondern nacheinander und abwechselnd. Von den Nordgestaden Sibiriens rückte der Elch dem schwindenden Hochwalde nach Süden nach, und als im südlichern Europa, im europäischen Rußland, Süd= Deutschland und Frankreich die Wälder lichter wurden und die Bevölkerung wuchs, entzog er sich wieder der stärker werdenden Nachstellung und dem Aesungsmangel nach Norden und Osten hin und suchte dort in den großen Waldungen Schutz und Unterhalt. Ob er in England von Menschenhand ausgerottet ist, oder von dort ausgewandert ist, als diese Insel noch mit dem Festland verbunden war, läßt sich nicht mehr bestimmen.

9. Jetzige Verbreitung.

In der Gegenwart bewohnt der Elch noch in der nördlich=
gemäßigten Zone breier Erdteile, Europas, Asiens und Amerikas,
ein recht ausgedehntes Gebiet. Beginnen wir unsere Ueberschau
über dieses von Westen aus nach Osten zu.

a. In Westeuropa.

Ostpreußen bewahrt noch einen stark gehegten Elchbestand
in der um das kurische Haff sich hinziehenden und zu den Regierungs=
bezirken Königsberg und Gumbinnen gehörigen Niederung. Diese
ist von den Flüssen Ruß (oder Memel), Hilge, Laukne, Deime,
Pregel u. a. durchflossen und besteht aus auf Schlickboden liegenden,
mit Weiden, Erlen u. a. besetzten Brüchern und Mooren, sowie
Nadelholzbeständen und Wiesen. Gegen die nicht seltenen Ueber=
schwemmungen sind vielfach Dämme aufgeführt. Im Bezirk
Königsberg obliegt die Aufsicht über dieses Elchrevier fünfzehn
fiskalischen Oberforsteien, so namentlich: Alt= und Neu = Sternberg,
Remonien, Gauleben, Mehlauken, Tapiau, Pfeil, Gertlauken,
Naujock, Drusken, Papuschinen, Leipen, Grieben, und im Bezirk
Gumbinnen den Oberforsteien: Tawellningken, Ibenhorst u. a.;
außerdem gehören zum Revier noch einzelne Privatbesitzungen und
der Herzoglich = Anhaltische Besitz Norkitten. Der Elchbestand in
diesen Revieren hat im Laufe des letzten Jahrhunderts stark
geschwankt; im Jahre 1849 war er bis auf 11 Stück eingeschmolzen,
hob sich aber dann durch strenge Schonung allmählich. In den
80=er Jahren des vorigen Jahrhunderts wurde ihm auch frisches
Blut durch schwedische Elchkälber zugeführt. Im Jahre 1896
zählte man 95 Elche, 1899 bereits ca. 300, 1900 etwa 350 und

1902 über 400, darunter 111 Hirsche, 188 Mutter= und Gelttiere, 66 Spießer und Schmaltiere. Der Bestand zeigt somit eine erfreuliche Zunahme und man hofft ihn allmählich auf etwa 800 Stück zu erhöhen.

Nach einer Notiz im 26. Bande des „Zoologischen Gartens" sind von österreichischen Magnaten Versuche gemacht worden, Elche in Steiermark einzuführen. Mit welchem Erfolge das geschehen, habe ich nicht erfahren können.

Skandinavien hat seit längern Zeiten recht gute Bestände aufzuweisen, die innerhalb der Breitengrade 59 und 67 liegen. Wir finden solche in Schweden hauptsächlich in den Bezirken oder Läns von Norbotten, Vesterbotten, Angermanland, Jemtland, Kopparberg (Dalarne), Upland, Oerebro, Westermanland, Wermland und Westgotland, ferner auf einzelnen Besitzungen. z. B. den Kron= domainen Halleberg und Hunneberg, den Privatgütern Jerna, Gislarbo u. a. In der Landschaft Schonen, also den Läns Smaland, Halland und Blekinge, waren Elche noch in der ersten Hälfte des vorigen Jahrhunderts ziemlich zahlreich, sind aber bis auf spärliche Reste vernichtet worden. — In Norwegen ist die Landschaft Dronthjem, besonders deren nördlicher Teil, reich an Elchen und wird zwecks der Jagd vielfach von Ausländern besucht. — Gegenwärtig soll der jährliche Abschuß in Schweden, nach Angaben des Norwegischen Jagd= und Fischerei=Vereins, etwa 1300 bis 1400 Stück, in Norwegen aber etwa 900—1000 Stück, davon in Nord = Dronthjem allein nahezu die Hälfte dieser Zahl, betragen, was auf einen Gesammtbestand von mindestens 8—10,000 Stück im vereinigten Königreich schließen läßt. Im Jahre 1900 soll der Gesammt=Abschuß 2300 Stück erreicht haben, wovon auf Norwegen etwa 1000 und auf Schweden etwa 1300 zu rechnen sind und zwar speciell auf Westgotland 340, Upland und Dalarne je 200, Norbotten 257 und Oerebro 249. Dazu wären noch ungefähr 150 bis 200 gewildbiebte und nicht angezeigte Elche zu schlagen. Im Jahre 1901 sollen in Skandinavien noch mehr, nämlich 2414 Stück erlegt worden sein. In den letzten 10—12 Jahren ist es für deutsche und englische Jäger und Sportsmen zu einer Modesache geworden, nach Skandinavien zu wallfahrten, um „auch" einen Elch geschossen zu haben, und der Elch dort ist gleich dem russischen Bären lebend zu einem Handels=artikel geworden. Das neue norwegische Jagdgesetz versucht es, diesen Sportsleuten den Korb in dieser Hinsicht etwas höher zu hängen.

b. Im europäischen Rußland.

In Finnland war der frühere mäßig=gute Elchbestand vor etwa 30 Jahren durch zu starke Nachstellungen derart gesunken, daß die Landesregierung eine längere, noch zum Teil geltende absolute Schonungsfrist anordnete. Infolge dessen soll sich die Zahl der Elche zur Zeit in der südlichen Hälfte des Staates, in den Landschaften Nyland, Satakunta, Karelen, Tawastland, Sa=wolaks und im südlichen Osterbotten nicht unbedeutend vermehrt haben, doch fehlen darüber bisher genauere Angaben. Der Abschuß ist nur in einzelnen Gegenden und unter erschwerenden Umständen gestattet.

In den Ostseeprovinzen kann der Bestand im allge=meinen ein guter, in einzelnen Revieren sogar ein recht guter genannt werden. Gute Elchreviere besitzen in Kurland die Güter Taubjewas, Salwen und Ruhenthal im Kreise Friedrichstadt, mäßig gute die Güter Taurkaln und Saucken im selben Kreise; ferner das Gut Schwedtwald = Grünhof im Kreise Doblen; das Gut Remten und die Ritterschaftsgüter im Kreise Tuckum; die Güter Pampeln und Schrunden im Kreise Goldingen; die Güter Niederbartau und Rutzau im Kreise Grobin; die Güter Dondangen, Popen und Pussenecken im Kreise Windau; und die Güter Assuppen, Kabillen, Plahnen und Matkuln im Kreise Talsen. Außerdem finden sich Elche noch auf vielen andern Besitzungen, wenn auch in geringerer Anzahl, als Wechsel= oder Standwild. Der Gesammt=bestand Kurlands mag auf etwa 800 — 1000 Stück zu beziffern sein.

Gute Elchbestände finden sich in Livland im Rigaschen Kreise in den waldreichen Kirchspielen Uexküll, Rodenpois und

Sunzel, so auf den Stadtgütern Uexküll, Olai, Oger, den Privat=
gütern Waldenrode, Lindenberg, Schloß=Rodenpois, Schloß=Sunzel,
Groß = Kangern u. a.; im Wendenschen Kreise im Kirchspiel
Kalzenau; im Wolmarschen im Kirchspiel Salis; im Pernauschen
in dem Kirchspiel Fennern; im Walkschen Kreise in den Kirch=
spielen Luhde (Schloß Luhde), Trikaten (Wolmarshoffscher Forst
Ohlin, Ritterschaftsforsten), Wohlfahrt (Gut Wohlfahrtslinde),
Lubahn (Güter Lubahn und Meiran), Palzmar (Gut Serbigal),
Absel (Gut Vaucluse), Schwaneburg, Wellan und Ermes (Gut
Turnishof); im Dorpater Kreise in den Kirchspielen Rüggen (Gut
Techelfer), Ecks (Gut Kerrafer), Talkhof (Gut Laiwa), und Wendau.

Der Gesamtbestand in Livland dürfte auf etwa 1600 bis
1800 Stück veranschlagt werden.

Estland besitzt verhältnismäßig geringere Bestände als die
größeren Schwesterprovinzen Kur= und Livland. Immerhin finden
sich in seinen Kiefern= und Moorwäldern einige ansehnliche Bestände,
vorzugsweise zwischen dem Peipussee und der Ostsee im Distrikt
Allentacken und dessen Kirchspielen Jewe, Waiwara, Luggenhusen
und Isack; ferner auch im Kreise Wierland in dem Kirchspiel
Haljal; im Kreise Harrien in den Kirchspielen Jeglecht, Kusal,
Kosch, Jörden und auf dem Gute Wiems bei Reval; im Kreise
Jerwen in dem Kirchspiel Ampel; im Kreise Wieck in den Kirch=
spielen Merjama, Fickel und Goldenbeck.

Die Zahl der Elche in dieser kleinen Provinz dürfte 500 bis
600 kaum übersteigen.

Auf den größeren, zu Liv= und Estland gehörigen Inseln
Oesel und Dagden sind Elche nicht oder nicht mehr vorhanden.

Ueber die Standorte und Verbreitung des Elches in den
übrigen Gebieten und Gouvernements des europäischen Rußlands
und Sibiriens dienen uns als fast einzige Quelle die spärlichen
und zerstreuten Nachrichten in den wenigen russischen Jagdzeitschriften,
und auf statistisches Material müssen wir gänzlich verzichten. Wir
folgen in unserer Uebersicht den einzelnen Gouvernements im all=
gemeinen von Westen nach Osten hin.

Gouvernement Archangel. In diesem ca. 743,000 □=Kilo=
meter großen und öden, teils mit Tundren und Mooren, teils mit
sumpfigen Nadelholzwäldern bedeckten Gebiet finden sich ständige
Elche in dem südlicheren Kreise Schenkursk zu beiden Seiten der
Dwina und ihres Nebenflusses, der Waga, auch wohl spärlicher
in den südlichen Teilen der Kreise Onega und Ustj=Zylma zu
beiden Seiten der Ischma, eines Nebenflusses der Petschora.
Einzelne Elche sollen sich auch im südlichen Lappland, also auf der
Halbinsel Kola vorfinden, und der finnische Zoologe J. Mela
erzählt, im Jahre 1860 sei ein Elch am Imandra=See, also unter
dem Polarkreise erlegt worden. Der Zoologe Herr Th. Pleske
giebt an, es kämen auch jetzt noch einzelne Elche in die Wälder im
südlichen Kola.

Gouvernement Olonetz. Im östlichen seenreichen Teile ist
dort ein mäßiger Bestand in den Kreisen Petrosawodsk und Olonetz.

Gouvernement Wologda. In den südlicheren Kreisen
dieses ausgedehnten und sich west=östlich gegen 1000 Kilometer
erstreckenden Gouvernements, namentlich Wologda, Totjma, Ustjug
und Nikolsk, befinden sich mäßig gute Bestände. Im Allgemeinen
bildet hier der 63° die nördlichste Verbreitung des Elches und wird
nur von einzelnen Trupps überschritten.

Gouvernement Petersburg. Trotz des starken Abschusses
durch die vielen Jäger und Jagdvereine der Residenz und die vielen
Wildbiebe sind noch namhafte Bestände im Ufergelände des Ladoga=
Sees, in den Kreisen Schlüsselburg und Ladoga, ferner in den
Kreisen Oranienbaum, Lyssino, Narwa, Jamburg und Luga vorhanden.

Gouvernement Pskow. Gegen früher hat die Elchzahl hier
stark abgenommen, und nur noch mäßige Bestände halten sich in den
Kreisen Toropez, Cholm und Welikije=Luki.

Im Gouvernement Nowgorod findet sich ein mäßiger
Bestand zu beiden Seiten des Flusses Wolchow und im Kreise
Waldai vor. Im Gouvernement Twer dagegen sind der Elche
wenig, zumeist noch im Kortschewaschen Kreise. Mehr von ihnen
weist das Gouvernement Jaroslaw auf, besonders im nördlichen

Teil des Kreises Rybinsk in den dortigen großen Jakimowschen oder Orefinskischen Waldungen, dann in den Kreisen Borrissoglebsk, Uglitsch und Rostow, ebenso das Gouvernement Kostroma im Kreise Wetluga und in der Umgegend des Städtchens Pleß, ferner im Kreise Kineschma in den Gemeindebezirken Jessiplewsk und Nikolajewsk. Auch das Gouvernement Wjätka ist mäßig reich an Elchen und weisen die Kreise Malmysch, Ssarapul und Urschum, ferner die Kronwälder im Jelabugaschen Kreise einige Bestände auf.

Gouvernement Perm. Dieses zu beiden Seiten des Ural= gebirges liegende Gouvernement hat noch immer, trotz der starken Vernichtung der den Fabriken und Hüttenwerken zugeteilten großen Wälder und der zahlreichen „gewerbsmäßigen“ Jäger mit ihren barbarischen Jagdweisen, einen guten Elchbestand, so westlich vom Ural in den Kreisen Krassnoufimsk, Solikamsk und auch im nördlichen Teil des Kreises Perm zu Seiten der Wischera, dann östlich vom Ural in den Kreisen Nischne=Tagilsk und Werchoturje, in den Wäldern der Fabriken Alenajewski und Salbinsk und an den Ufern der Sossna und des Pelym. Weiter südlich, an der Pyschma und dem Resch und in dem sogenannten Kasslinschen Ural sind Elche bereits eine seltene Erscheinung, und südlich von der Stadt Jekaterinburg im Schadrinschen Kreise fehlen sie fast ganz. In den neunziger Jahren des vorigen Jahrhunderts stellten sich viel Elche auf der östlichen Seite des Urals ein, in Gegenden, wo sie bisher unbekannt waren und die bereits einen steppenartigen Charakter haben, so am See Ugalatsch, südöstlich von Jekaterinburg. — Wie wir im nächsten Kapitel erfahren werden, unternehmen die Elche im Permschen Gouvernement, gleich den Rehen, regelmäßige Wanderungen im Herbst und Frühjahr und sind im Winter östlich von der Uralkette zahlreicher anzutreffen als westlich. Dieses Gouvernement ist auch dadurch bemerkenswert, daß dort auch Wildrene weit verbreitet sind, südlich selbst bis nach Slatoust im Ufaschen Gouvernement und bis nahezu zum 55° n. Br.

Im Gouvernement Kowno ist der Elch wenig vertreten und findet sich hin und wieder in den Kreisen Telschi und Ponewesch und im Kreise Schawli beim See Rekiew und im Terulschen Moore. Im Gouvernement Wilno ist der Bestand an einzelnen Stellen ein viel besserer, so im Kreise Swenziani und auf der vormals Fürst=Wittgensteinschen großen Besitzung Werki.

Im Gouvernement Grodno ist der Bestand gegen früher stark zurückgegangen; vorhanden sind Elche dort noch in den Kreisen Grodno und Kobrin, sowie in dem großen Kaiserlichen Wildgehege Bjelowesch. Dieses bildet eine geschlossene Waldfläche von 1146 ☐=Werst, in dessen Mitte der durch einen Schienenstrang mit den Südwestbahnen verbundene Flecken Bjelowesch, zugleich Sitz der Ober=Verwaltung, liegt. Der Wald besteht etwa zur Hälfte aus Sumpf= oder Moorwald, hat aber seit einigen Jahren sein früheres urwälbliches Aussehen dadurch verloren, daß er durch Schlaglinien in Jagen von je einer Quadratwerst geteilt ist. Er zerfällt in fünf größere Reviere und wird in jagdlicher Beziehung von 1 Wildmeister, 5 Oberjägern, einer Anzahl Jägern, Wächtern und Jagdpolizisten verwaltet, in forstlicher Beziehung aber von einem gesonderten Forstpersonal. In ihm sind einige Dörfer mit ihren Aeckern und Wiesen eingesprengt und an seinen Grenzen belegen. Durchflossen wird das ganze Revier vom Flusse Narwa mit seinem Nebenfluß Narewka, ferner von der Leßna und einigen kleinern Bächen und Gräben. Dieser Kaiserliche Hegewald beherbergt einen wechselnden Bestand von Wisenten, deren Anzahl gegenwärtig auf ca. 700 Köpfe geschätzt wird, ferner von Sauen, Edel= und Damhirschen, Rehen und Elchen. Das Rot= und Rehwild hat sich in den letzten Jahren stark vermehrt, dagegen der Elchbestand stark vermindert. Noch in den Jahren 1895—1897 zählte man etwa 900 bis 1000 Elche, gegenwärtig (1903) nur noch etwa 300. Als Ursachen dieser auffallend raschen Verminderung werden angesehen: die starke Zunahme der andern Cervidenarten, namentlich des Rot= und Damwildes, ferner allerlei Krankheiten und die trotz aller Schutzmaßregeln nicht auszurottende Wilddieberei. Eine andere Ursache wird wohl auch die daselbst eingeführte moderne Wald=wirtschaft sein, welche dem Elchwild die nötige Aesung schmälert.

Im Gouvernement Wolhynien finden sich noch einige Reste früherer Bestände in den Kreisen Kremeneß, Owrug und Kowel, etwas mehr aber im Gouvernement Minsk, wo Elche noch in dem nördlichen Teil in dem sogenannten Polessje, d. i. Walbgegend, und im südlichen Teil in den sumpfigen Niederungen des Pripet hausen. Dieses Polessje umfaßt neben dem nördlichen Teil des Gouvernement Wolynsk auch die südlichen Teile der Gouvernements von Minsk und Grodno und war früher mit Elchen gut besetzt; seitdem aber in diesem Gebiet größere Entwässerungen ausgeführt und im Jahre 1884 ein Bahnstrang dasselbe durchschneidet, ist der Bestand merklich zurückgegangen.

Im Gouvernement Witebsk, welches von Jahr zu Jahr mehr entwaldet wird, sind keine nennenswerten Elchstände mehr, das Gouvernement Mohilew aber hat deren noch einige in dem südlichen Teil im Kreise Homelj, ebenso das angrenzende Gouvernement Tschernigow in seinem nördlichen Teil. Besser daran ist das Gouvernement Orel, wo sich Elche noch in den Kreisen Brjansk, Karatschew, Trubtschewsk und Sewsk (unter dem 52⁰ n. Br.) aufhalten. Im Gouvernement Kaluga sind Elche spärlich in den Kreisen Koselsk, Mossalsk, Lichwin und Peremyschl vorhanden, mehr aber schon im Gouvernement Smolensk, im Kreise Duchowtschinsk und auch noch in den Kreisen Belsk und Rosslawl.

Im Gouvernement Moskau waren vor ca. 50 Jahren Elche fast gänzlich verschwunden, haben sich seitdem aber wieder eingestellt und werden, wenn auch grade nicht zahlreich, in den Kreisen Klin, Dmitrow und Bogorodsk angetroffen, im letzteren namentlich bei der Ansiedlung Pawlowski-Possad. Es sei erwähnt, daß noch um das Jahr 1800 sich im Bogorodschen Kreise eine sogenannte „Elch= Fabrik" befand, wo für das Militair Sämisch=Leder hergestellt wurde.

In dem südlich vom Moskauschen belegenen, ziemlich stark bevölkerten und entwaldeten Gouvernement Tula scheinen Elche sich nur vereinzelt und selten zu zeigen. Auch im Gouvernement Rjäsan sind deren nicht viel in dem nördlichen bewaldeten Teil in den Kreisen Spassk und Saraisk, mehr dagegen schon im Gou=

vernement Wladimir in den Kreisen Schuja, Gorochowez, Pokrow und Alexandrowsk. Das Gouvernement Nischny=Nowgorod hat ziemlich gute Bestände in den Kreisen Balachma, Semjonow und Makarjew aufzuweisen, weniger hingegen wieder das Gouvernement Kasan in den Kreisen Koßmodemjansk und Zarewokokschaisk.

Das Gouvernement Ufa besitzt in seinem südöstlichen Teil, in dem bis zum Ural reichenden Kreise Sterlitamak noch eine an= sehnliche Anzahl Elche, das Gouvernement Tambow aber deren wenig genug und zerstreut in den Kreisen Schatsk, Morschansk und Koslow, ebenso das Gouvernement Pensa in den Kreisen Nischne= lomow, Mokschanh und Tschembar, und das Gouvernement Sim= birsk in den Kreisen Karssun, Kurmhsch und Alatyr. Noch weniger und meist nur sporadisch findet man Elchwild im Gouver= nement Saratow in den Kreisen Chwalynsk und Petrowsk, im Gouvernement Samara im Kreise Buguruslan, und im Gouver= nement Orenburg östlich vom Ural im Kreise Werchneuralsk.

Die Gouvernements Podolsk, Kiew, Poltawa, Kursk, Charkow und Woronesch haben wir als nicht oder nicht mehr von Elchen bewohnt anzusehen, wenn sich auch welche zuweilen aus den an= grenzenden nördlichen Gouvernements in sie verirren mögen. Als elchreich wären im europäischen Rußland die Gouvernements Wologda, Petersburg, Livland, Kurland, Wilno, Grodno, Minsk, Nischnh= Nowgorod, Jaroslaw und Perm zu bezeichnen.

Auf Grund obiger Angaben können wir nun das vom Elche im europäischen Rußland bewohnte Gebiet, welches etwa die Hälfte dieses Landes mit zweieinhalb Millionen □=Werst in sich faßt, so begrenzen: die nördliche Grenzlinie beginnt etwa unter dem 62° n. Br. am Bottnischen Meerbusen, zieht sich von da durch Mittel= Finnland und das Gouvernement Olonetz zum Südende des Onega= sees, dann unter dem 61° durch den nördlichen Teil des Gouvernements Nowgorod in's große Gouvernement Wologda, wendet sich dort vom See Kubenskoje in nordöstlicher Richtung bis zum 63°, durchschneidet die südliche Spitze des Gouvernements Archangel und geht dann in östlicher Richtung durch die ganze

7

Länge des Wologdaschen Gouvernements und den nördlichen Teil
des Gouvernements Perm bis zum Höhenzug des Urals. — Die
südliche Grenze beginnt im Westen an der Ostsee in Kurland unter
dem 56° n. Br., senkt sich in süd=süd=östlicher Richtung durch die
Gouvernements Kowno und Grodno, geht östlich weiter durch die
Nordhälfte des Gouvernements Wolhynien, schneidet den Dnjepr in
der nördlichen Spitze des Gouvernements Kiew und wendet sich von
dort in östlicher Richtung durch die nördlichen Teile der Gouvernements
Tschernigow und Orel, um dann unter dem 52°, das Tulasche
Gouvernement vermeidend, nach Norden durch das Kalugasche
Gouvernement in das Moskausche bis zum 55° hinaufzugehen.
Von dort zieht sich die Linie in mehr östlicher Richtung durch die
nördlichen Teile der Gouvernements Rjäsan, Tambow, Pensa und
Simbirsk, schneidet nördlich von der Stadt Simbirsk die Wolga,
zieht sich weiter durch den nördlichen Teil des Gouvernements
Samara und den südlichen Teil des Gouvernements Ufa, wendet
sich durch Letzteres nach Norden hin in's Gouvernement Perm bis
in die Gegend der Stadt Krassnousimsk, übersteigt in nord=
östlicher Richtung den Ural nördlich von Jekaterinburg und endet
etwa unter dem 57° an der Ostgrenze des Permschen Gouvernements.

c. Im asiatischen Rußland.

Noch viel schwieriger als für das europäische Rußland ist es,
eine Uebersicht über die Verbreitung des Elchwildes in der
ungeheuren Landstrecke, die Sibirien heißt und sich vom Ural über
5000 Werst weit bis zum Stillen Ocean dehnt, zu geben. Wir
können da nur einzelne von Elchen besetzte Gegenden und Landschaften
nennen, ohne sicher zu sein, ob nicht die Elche aus ihnen allmählich
verschwunden sind oder ob nicht in anderen, noch wenig erforschten
Gegenden noch unbekannte bessere Elchstände vorhanden sind.

Im General=Gouvernement West=Sibirien besitzt das Gouver=
nement Tobolsk noch große, von der Zirbelkiefer gebildete und
mit Fichten und Kiefern durchsetzte Waldungen, sibirisch Urmany
genannt, in denen der Elch keine Seltenheit ist. So findet man

ihn im nördlichen Teil dieses Gouvernements unter dem 62° n. Br.
am Mittellauf des Ob im Kreise Surgut, ferner unter dem 60°
an der Konda, einem Nebenfluß des Irtysch, im Tal des Letztern
im Kreise Tara, und im Kreise Turinsk zwischen der Tawda
und Tura. Im südlichen Teil des Gouvernements klagt man
bereits über starke Abnahme dieses Wildes. — Im Gouvernement
T o m s k wäre der Kreis Kainsk am Om, und im Gouvernement
S e m i p a l a t i n s k die Gegend um den Teletzkisee im Kreise
Karkaraly und das Vorgelände des Altai zu nennen.

Im General-Gouvernement Ost-Sibirien soll das Gouvernement
J e n i s s e i s k gute Elchstände in den nördlichen Vorbergen des
Sajansker-Gebirges, im Kreise Minussinsk besitzen; ferner kommen
Elche, wenn auch spärlicher, in den Kreisen Jenisseisk und
Krasnojarsk sowie zwischen den Flüssen Bachta und der unteren
Tunguska vor. — Im Gouvernement I r k u t s k trifft man sie
hauptsächlich in den Vorbergen des Baikalgebirges an der Angara
und am Oberlauf der obern Tunguska an. — Das Gebiet
J a k u t s k besitzt Elche an den Quellflüssen und Oberläufen der
Jana, Indigirka und Kolyma, im Quellgebiet und Tal der Olekma
(einem Nebenfluß der Lena), am Jablonoi-Chrebet, in den Vorbergen
des südlichen Teils des Stanowoi-Chrebet und in dem langen
Küstenstrich zwischen den Orten Udsk und Ochotk.

Im General-Gouvernement Priamur hat das verhältnismäßig
kleine und dabei hügelige Gebiet T r a n s b a i k a l i e n, welches
viel Zirbelkieferwald besitzt, noch ziemlich viel Elche aufzuweisen, so
in der Taiga von Barguzinsk, in den Kreisen Werchneudinsk und
Nertschinsk am Onon und seinen Nebenflüssen, und an den obern
Läufen des Witim, Nertsch, Tschikoi, der Olekma und Ingoda. Die
Tungusen und Orotschonen erlegen in jenem Gebiet jährlich 600
bis 700 Elche, klagen aber bereits über Abnahme dieses Wildes. —
Ebenso besitzt das Gebiet A m u r noch gute Bestände, so in den
Bureja-Bergen, in der Hügellandschaft des Duesse-Alyn, an den
Flüssen Schotar, Goryn und Changar und südlicher in den Kreisen
Albasinsk, Tschernjawsk und Michailo-Semjonowsk. — Endlich

7*

beherbergt das Gebiet Primorsk, zu dem die Küstenlandschaft
Ussuri zwischen den Städten Wladiwostock und Nikolajewsk, ferner
die Halbinsel Kamtschatka mit der nordöstlichsten Spitze Sibiriens
und die Insel Sachalin gehören, Elche hauptsächlich noch an den
linken Zuflüssen des Amur, in den Gebirgen Sichota-Alyn und
Chingan und im südlichen Kreise Nikolsk, schließlich, wenn auch
weniger, an den Südabhängen des Stanowoi-Chrebet bis zu der
Küste des Ochotzki-Meeres. Die Insel Sachalin und die große, gut
bewaldete und gebirgige Halbinsel Kamtschatka besitzen keine Elche,
was für letztere immerhin auffallend ist und dadurch erklärt werden
könnte, daß sich nördlich von ihr die Tundra bis zum Anadyrfluß
ausbreitet und den Zugang zu ihr absperrt. — Südlich von der
sibirischen Grenze kommen noch Elche in einzelnen Gegenden der
Mongolei sowie in der Mandschurei im Chingan-Gebirge vor.

Die nördliche Grenze der Verbreitung des Elches in Sibirien
ist schwer genauer zu bestimmen. Im Westen unter dem 63°
n. Br. am Ural beginnend, senkt sie sich wahrscheinlich zwischen dem
Ob und Jenissei bis zum 61° oder 60°, um dann jenseits des
Jenissei nach Osten zu immer nördlicher bis zum 68° oder 69° anzu-
steigen und am Anadyrfluß unter dem Polarkreise östlich zu enden.
Bemerkenswert ist, daß im östlichen Sibirien auch die Waldgrenze
an den Strömen Chatanga, Lena und Indigirka bis zum 69° oder
70° hinaufreicht. N. Sewertzow berichtet in dem russischen
Journal „Anzeiger für Naturwissenschaft", 1854, p. 289, der Elch
gehe an der Kolyma bis Srebne-Kolymsk, also über den Polarkreis
hinaus, und der alte Pallas sagt in seiner Zoographie, der Elch
fände sich noch an der Kolyma und seinem Nebenfluß Anjui,
ferner Wrangel in seiner Reisebeschreibung, der Elch käme noch
östlich von der Kolyma bis zum Kap Baranow am Eismeer
vor, schließlich A. v. Middendorff in seiner „Sibirischen
Reise", der Elch gehe an der Kolyma nördlich bis zum 69° hinauf,
wo die Januar-Temperatur — 36° C. betrage. Noch andere
berichten, der Elch sei zahlreich genug am Flusse Jana bis zum
69° zu finden.

Als Südgrenze für den Elch, und vielfach auch für das Ren, können in Sibirien im allgemeinen die Gebirgszüge, welche Wasser= scheiden zwischen den zum Polarmeer und den zum Indischen Ocean fließenden Gewässern bilden, bezeichnet werden. Im Westen beginnt diese Grenze etwa unter dem 57° am Ural, geht dann allmählich bis zum Altai=Gebirge unter dem 52° oder 53° südlicher hinab, behält diese Höhe mit einigen Schwankungen bis zur östlichen Grenze des Transbaikal=Gebietes und wendet sich von dort in einem Bogen südlicher bis zum 43° hinab, um nördlich von Wladiwostock am Japanischen Meer zu enden.

Aus diesen Angaben sehen wir, daß der Elch in Sibirien ein mindestens viermal größeres Gebiet bewohnt als im europäischen Rußland.

d. In Nord=Amerika.*)

Wir gelangen nun auf unsrer Wanderschaft zu dem zweit= größten Elchlande, Nord=Amerika.

Auf der breiten Nordwest=Spitze Amerikas, dem zu den Vereinigten Staaten gehörigen Territorium Alaska, hausen noch, wie's scheint, die körperlich stärksten Elche, darunter Hirsche mit gewaltigen Schaufelgeweihen, und dort auch erreicht der amerikanische Elch die nördlichste Linie seiner Verbreitung. So findet man ihn noch in Nord=Alaska im Quellgebiet des Colville und des Noahtak River unter dem 68° n. Br. Zahlreicher aber wird er südlich vom Yukon River angetroffen, namentlich auf der Halbinsel Kenai, ferner zwischen dem Sushitna und Kopper River und zwischen dem Kusquokim und Yukon River.

In den weitgestreckten menschenarmen, aber wald= und wasser= reichen Ländereien von British=Nord=Amerika, gewöhnlich Kanada genannt, kommt der Elch oder das Moose hauptsächlich in folgenden Gegenden vor: in der Provinz Yukon an den vielen

---

*) Anmerkung. Die hier niedergelegten Angaben entnehme ich einer mir freundlichst vom Herrn W. T. Hornaday, Direktor des Zoologischen Gartens in New-York, zugestellten Karte über die Verbreitung des Moosedeers.
Der Verfasser.

Quellflüssen des Yukon River bis östlich zum Mackenzie River; in Britisch=Columbia an beiden Seiten der Rocky Mountains; in den Provinzen Alberta, Manitoba (um die großen Seen Winnipeg und Manitoba), Ontario (bis nördlich zur James Bay), Quebec, New=Brunswick und Nova=Scotia. Auf der Insel New=Foundland, wohin früher Elche häufiger hingeraten sein sollen, sind sie heute nicht mehr vorhanden.

In den Vereinigten Staaten finden sich Elche noch in den Staaten: Washington (am Ober= und Mittellauf des Columbia River), Montana, Idaho (an den Quellflüssen des Snake River), Wyoming (wo sich auch der Yellowstone=Nationalpark befindet), ferner in Nord=Dakota, im nördlichen Minnesota (an den Quellbächen des Mississippi), in nördlichen Vermont und im Staate Maine. — In den Adiron=Dack=Bergwäldern im nördlichen Teil des Staates New=York ist der Elch seit ca. 40 Jahren ausgerottet, doch werden gegenwärtig Versuche gemacht, ihn dort wieder einzuführen.

Die nördliche Grenze des amerikanischen Elchgebiets beginnt demnach in Alaska etwa vom 68° n. Br. und zieht sich von dort im südöstlicher Richtung bis zum 46° am Atlantischen Ocean. Die Südgrenze verläuft zunächst längs der westlichen und südlichen Küste Alaskas, dann weiter in süd=östlicher Richtung durch Britisch= Columbia, wendet sich dort unter dem 53° östlich zu den Felsen= gebirgen, von dort südlich bis hinab zum 42° n. Br. in den Staaten Wyoming und Idaho, von da scharf nördlich bis zum 48°, und zieht sich schließlich längs den Nordküsten des Lake Superior und Lake Huron in östlicher Richtung bis zum 44° n. Br. am Atlantic.

In vielen westlichen Staaten, in Idaho, Wyoming, Montana, Washington, ferner in Britisch=Columbia und Alberta, sind noch förmliche Urwälder vorhanden, welche aus Norway=, White= und Balsamfichten, Cedern, Tamaraks u. a. bestehen und durchsetzt sind mit Eichen, Ahorn, Birken, Ulmen, Pappeln, Weiden und allerlei unterwüchsigen Büschen. Dort halten sich die Elche gern an den Rändern der Swamps (Sümpfe und Brücher) und der Sloughs (Waldwiesen) auf, scheuen aber keineswegs gebirgiges Terrain.

Eine ungefähre Schätzung der Gesamtzahl von Elchen in
Nord=Amerika ist zur Zeit nicht durchführbar und auch nicht versucht
worden. In Alaska und der Britischen Kolonie hat der Elch gewiß
noch eine lange Zukunft vor sich, in den östlich von dem Felsen=
gebirge belegenen Teilen der Vereinigten Staaten aber ist er bereits
bis auf kleine Reste durch die vorgedrungene Bodenkultur und die
Mordgier des Menschen vernichtet worden.

10. Wanderungen.

Je bewegungsfähiger ein Tier ist, desto größere Neigung zu Streifzügen und Wanderungen läßt sich bei ihm voraussetzen. Wir haben hier nicht weiter auf die großen und kleinen Wanderzüge der zur Fortbewegung fähigsten Tierklassen, der Vögel und Fische, einzugehen, deren Ursachen für uns, trotz der vielen mehr oder minder scharfsinnigen Erklärungen immer noch viel Rätselhaftes behalten. Einzelne Wanderungen sind uns gradezu unverständlich und erscheinen uns als Verirrungen. In den fünfziger Jahren des vorigen Jahrhunderts fand der Kreischef von Mesen im Archangelschen Gouvernement in einem Herbst das Ufer am nördlichen Eismeer mit den Körpern ertrunkener Eichhörnchen bedeckt. Um an die Küste zu gelangen, mußten diese Nager von der Waldregion her mehrere hundert Werst Tundrafläche überwinden. Hatten diese Waldbewohner völlig allen Orientierungssinn eingebüßt, oder hofften sie irgendwo nordwärts ein gelobtes Land zu finden?

Als Wanderung haben wir die Streifzüge einer Tierart innerhalb eines begrenzten Bezirks und in unbestimmter wechselnder Richtung, oder etwa das unruhige Umherziehen von während der Brunft unbefriedigten Hirschen nicht aufzufassen, sondern ein nach bestimmter Richtung, rascher oder langsamer und in Pausen erfolgendes stätiges Ziehen und Vordringen, und dabei wiederum ein periodisch und regelmäßig wiederkehrendes und ein auf längere Fristen und Räume verteiltes Vordringen oder Zurückweichen zu unterscheiden. Beiderlei Arten von Wanderung bemerken wir auch bei dem ohne Zweifel recht bewegungsfähigen Elch; nur machen sie sich nicht auffällig bemerkbar, weil der Elch nicht in geschlossenen Massen, sondern in kleinen Rudeln und Trupps Wanderungen unternimmt.

Zuvor nun etwas über seine periodischen Wanderungen.

Schon der alte Martin Zeiller in seiner „Neuen Be=
schreibung der Königreiche Schweden und Gothen, auch des Groß=
fürstenthums Finnland", Ulm 1658, erzählt auf S. 44: „Es hat
Ingria (das jetzige Gouv. Petersburg) ein fruchtbares Erdreich,
überaus fischreiche Wasser, und auch allerley Weidwerk und Vogel=
fang. Unter den Jagten ist die fürnembste der Elend=Tier, welche
die Schweden Elgh nennen, und die zweimal deß Jahrs über oder
durch den Fluß Nieva, nemlich im Frühling und Herbst, kommen,
und alsdann in großer Menge gefangen werden."

Vor nicht gar langer Zeit zogen Elche aus den Wäldern von
Bjelowesch im Grodnoschen Gouvernement im Frühling in östlicher
Richtung zu den Pinsker Sümpfen im Minsker Gouvernement, um
im Herbst wieder ihre alten Standplätze aufzusuchen. In der Gegen=
wart werden diese Züge wahrscheinlich nicht mehr bedeutend sein,
seitdem an die Entwässerung jener Sümpfe geschritten ist.

Herr D. Naryschkin berichtet in seiner „Elchjagd", eine
Menge Elche zögen vor Beginn des Winters aus den Wäldern
des Nowgorodschen Gouvernements einerseits von Süden her über
die Nikolaibahn zwischen den Stationen Toßno und Uschaki, andrer=
seits von Osten her über den Wolchowfluß in den großen Poretzk=
Moor im Kreise Schlüsselburg des Gouvernements Petersburg, um
dort zu überwintern und im Frühjahr wieder zu ihren alten Ständen
zurückzuwechseln.

Hagemeister (s. Statistik ꝛc., St. Petersburg 1857, I.,
p. 327) erzählt, daß Elche im Herbst aus den Altai=Bergen rudel=
weise in das Flußgebiet des Irtysch wandern.

Nach A. v. Middendorff machen die Elche in Sibirien
im Taimyrlande bis 700 Werst lange Wanderungen, indem sie im
Frühjahr aus der Waldregion nordwärts in die Tundra und im
Herbst wieder zurück ziehen. Aehnliche Wanderungen unternehmen
auch die Rene, vermutlich, um sich vor den Insekten und Parasiten
zu schützen, und dieselbe Ursache wird wahrscheinlich auch die Elche
im Taimyrlande in Bewegung setzen.

Ueber den Elch und seine periodischen Züge in dem großen, sich durch sechs Breitengrade zu beiden Seiten des Ural erstreckenden Gouvernement Perm hat der verstorbene russische Naturforscher L. Sabanejew genauere Beobachtungen angestellt und in der „Priroda i ochota", 1882, X, veröffentlicht. Dort hat westlich vom Ural eine Menge Elche ihren Sommerstand in den nördlichen Kreisen Solikamst und Tscherdynst und zieht regelmäßig zum Winter, in der Zeit vom September bis November, größtenteils über den Ural in südöstlicher Richtung auf dessen östliche Seite, in den Werchotur= schen Kreis und einen Teil des Jekaterinburgschen Kreises. Noch im Herbst 1902 bemerkte man einen stärkeren Zug der Elche aus dem nördlichen Ural zum mittleren längs den östlichen Abhängen; sie erschienen in größern Rudeln in der Nähe Jekaterinburgs, um dann zu Beginn November weiter südlich oder südöstlich zu wandern. Im Frühjahr kehren dann die Elche, von ihrem Orientierungssinn geleitet, in umgekehrter Richtung zu ihren frühern Wohnplätzen zurück. In dem eigentlichen Gebirge Ural verweilen sie bei diesen Zügen nur kurze Zeit. Aehnliche Züge machen im Permschen auch die Rehe. Die Ursache dieser Wanderungen ist darin zu suchen, daß westlich vom Ural, namentlich im Solikamster Kreise, in der Regel bereits im September viel Schnee fällt und sich im Dezember und Januar bis zu 4 oder 5 Fuß hoch anhäuft, während auf der östlichen Seite erheblich später und weniger Schnee niedergeht und auch früher schwindet. Diese Züge der Elche wiederholen sich all= jährlich, doch bleibt in manchen Jahren, wann westlich vom Ural mal geringe oder späte Schneefälle eintreten, ein Teil der dortigen Elche in seinen Sommerrevieren stehen. Auf beiden Seiten des Ural werden die Elche übrigens von den örtlichen Bauernjägern oder Promyschlenniks auf unbarmherzige Weise verfolgt und decimirt.

Eine auffallende und schwer zu erklärende Wanderung von Elchen in vielen Rudeln bis zu 20 Stück vollzog sich im Februar bis März 1903 aus dem Tobolskischen Gouvernement in südwest= licher Richtung in die Wälder bei der Stadt Jekaterinburg am Ural.

Viel weniger fallen andere Wanderungen des Elches in die

Augen, welche sich allmählich und in längern Zeiträumen vollziehen oder eine Art langsames Fluten und Ebben des Elchvolkes, ein Vor=rücken in längst verlassene Gebiete und ein Verlassen andrer bilden. Wie wir im Kapitel 8 gesehen, hatte der Elch einst in Europa eine weite Verbreitung, nach Westen bis zur französisch=atlantischen Küste, nach Süden bis in die Lombardei. Im Lauf einiger Jahrhunderte aber ist er vor der wachsenden Bevölkerung, der verstärkten Nach=stellung, den stets breiter werdenden Flächen und den trockengelegten Mooren immer mehr ostwärts zurückgewichen. Dieselbe Erscheinung wiederholte sich auch, wenn auch etwas später, in Polen und in verschiedenen südlicher gelegenen Gouvernements des europäischen Rußlands. Dagegen nehmen wir in der Gegenwart in Skandina=vien, namentlich an dessen Westküste, ein langsames Vordringen des Elches nach Norden zu wahr, und man hat in Nord=Nambalen bereits Elche in der Gegend von Bodö bemerkt.

Aus den Ostseeprovinzen berichtet Baron F. Nolde („Aus der Jägerpraxis", Minden, 1872) von mehrfachen Wanderungen der Elche aus Kurland, aus den Dondangenschen Wäldern, in den Rigaschen Kreis Livlands, immerhin eine Wegstrecke von über 100 Werst.

Ueber verschiedene Züge und Wanderungen der Elche im centralen Teile des europäischen Rußlands hat der russische Guts=besitzer S. Pensky, ein erfahrener Jäger, im Journal „Priroda i ochota", Jahrg. 1898, bemerkenswerte Mitteilungen gemacht, die wir hier in gedrängter Gestalt wiedergeben wollen. — Um 1860 waren im Gouvernement Smolensk, im südlich angrenzenden Kreise Mglin des Gouvernements Tschernigow und in den Kreisen Rosslawl und Brjansk des Gouvernements Orel, wo damals zusammenhängende Wälder, darunter auch der 500 □=Werst große Kronwald Okulitzki, sich weithin streckten, noch eine Menge Elche, und es wurde dort jährlich eine erhebliche Anzahl von ihnen erlegt. Im Verlauf von zehn Jahren jedoch verschwanden sie aus diesen Gegenden aus unerklärlichen Gründen, und gegenwärtig finden sich dort nur noch spärliche Reste. Ein Gleiches geschah faſt um dieſelbe Zeit im Kreiſe Oſtaſchkow des Gouvernements Twer und im Kreiſe Schißbrinßk des Gouvernements Kaluga. — Das Gouvernement Moskau beſaß um 1850, mit Ausnahme ſeines nord= öſtlichen Kreiſes Bogorodßk, ſo gut wie keine Elche mehr; daß ſie jedoch in früheren Jahren dort vorhanden geweſen, bezeugte u. a. ein in der Nähe der Reſidenz liegender großer Kronwald, der den Namen lossinowy ostrow (Elchinſel) führt. Zu Ende der 50er Jahre nun erſchien zunächſt ein Elch in der Nähe Moskaus, geriet in deſſen Vorſtädte und ſpießte ſich beim Ueberfallen eines hohen Gitters, und ſchon im Anfang der ſechßziger Jahre ſtellten ſich andere Elche in der Umgegend der Stadt ein, ſodaß mehrfache Treibjagden veranſtaltet wurden. Ein paar Jahre ſpäter zeigten ſich Elche auch im nördlichen Teil des Rjäſanſchen Gouvernements, wo man ſie bisher nicht geſehen, und im Moskauſchen Gouvernement zählte man in den ſiebziger Jahren an verſchiedenen Stellen bereits anſehnliche Beſtände, ebenſo in den bewaldeten Teilen des Gouvernements Tambow, ja auch des Gouvernements Saratow.

Auch andre Beobachter melden Aehnliches. F. Meybom (in der ruſſiſchen „Jagdzeitung", 1892, S. 406) ſagt, daß ſich in den ſiebziger Jahren des vorigen Jahrhunderts in den Kreiſen Schatßk und Morſchanßk des Gouvernements Tambow eine große Anzahl Elche einfanden. — L. Sabanejew berichtet, Elche ſeien bis 1855 im Gouvernement Jaroſſlaw eine ſehr ſeltene Erſcheinung geweſen; von da ab ſeien ſie aber in erheblicher Anzahl in allen Kreiſen des Gouvernements erſchienen und hätten ſich durch Zuzug und Fortpflanzung ſtark vermehrt. Nicht ſelten ſeien ſie in nächſter Nähe der Dörfer und Städte erſchienen, und Jungelche hätten ſich mehrmals den Viehheerden zugeſellt. Manche Bauernjäger hätten ſie dutzendweiſe erlegt. Eine ähnliche Zuwanderung ſei unter andern damals auch im Gouvernement Niſchegorod erfolgt. — Herr S. Buturlin erwähnt (l. c. 1890, S. 166), daß im Simbirßker Gouvernement das Elchwild in den ſiebziger Jahren vernichtet war, in den achtziger Jahren aber ſich in anſehnlicher Zahl wieder dort einſtellte. — Zu Anfang der 90er Jahre zeigten ſich Elche ſelbſt im

Kreise Wolsk des Gouvernements Saratow, an der Grenze
der Steppen.

Uebrigens hat man in Rußland auch bei den Renen ähnliche
Züge und Wanderungen, wenn auch in kleinerm Maße, bemerkt.
So erschienen sie in der Zeit von 1855 bis 1860 in Rudeln zu
30 bis 40 Stück im Gouvernement Nowgorod und im nördlichen
Teil des Gouvernement Twer, verweilten dort einige Jahre und
verschwanden dann wieder nordwärts.

Die oben angeführten Angaben lassen erkennen, daß der Elch
im europäischen Rußland seit 50—60 Jahren allmählich von Norden
nach Süden, zugleich aber — wenn auch weniger deutlich — von
West nach Ost vorgerückt ist und sein Verbreitungsgebiet, besonders
nach Süden hin, beträchtlich erweitert hat, bis in Gegenden, wo er
vor Jahrhunderten einmal gehauset hatte. Unwillkürlich fragen wir
da, was bewog oder bewegt dieses Wild zu solcher Migration, und
was veranlaßt es, seine gewöhnlichen Stände zu verlassen und die
fast allen Tieren inne wohnende Anhänglichkeit an die Geburts=
stätte zu verleugnen?

Wir haben gesehen, daß der Elch in einzelnen Gegenden zu
regelmäßigen Zügen in der warmen Jahreszeit durch die Insekten=
plage, und in der kalten durch erschwerte Ernährung infolge tiefen
Schnees veranlaßt wird. Zu langsameren oder schnelleren unregel=
mäßigen Ortsveränderungen aber wird er ohne Zweifel durch die
fortschreitende Feldkultur, das Lichten der Wälder und die veränderte
Forstwirtschaft, was alles Aesungsmangel herbeiführt, bewogen,
ferner durch starke Beunruhigung und Verfolgung seitens des
Menschen, auch durch anhaltende Dürre, wie sie z. B. im ganzen
nördlichen Rußland im Frühling und Sommer 1901 herrschte,
schließlich durch Waldbrände. Letztere nehmen im europäischen
Rußland und in Sibirien zuweilen einen ungeheuren Umfang an.
In dem heißen Sommer 1901, wo sonst fast unzugängliche Moräste
pulvertrocken wurden, brannten u. a. in Sibirien, in den Gouver=
nements Tomsk, Tobolsk, Jenissei und Irkutsk, bereits im Mai
und Juni hunderte und aber hunderte von ☐-Kilometern Wald

nieder, wobei eine schwer zu schätzende Masse von allerlei Wild, darunter viel Brutwild, zu Grunde ging. Es ist wahrscheinlich, daß das Elchwild, mit Ausnahme etwa von ganz jungen Kälbern, sich meist hat retten können; wenigstens bemerkte man im Herbste vielfach Elche an Orten, wo man sie sonst nicht gesehen hatte.

Bleibt auch vieles bei den Wanderungen des Elchwildes unerklärlich, so haben wir doch keinen Anhalt dazu, ihm einen besondern instinktiven und dunklen Wandertrieb, soweit er nicht schon im Selbsterhaltungstriebe enthalten ist, zuzuschreiben.

11. Zwei Arten des recenten Elchs der alten Welt?

In den letzten Jahren herrscht unter den Naturforschern eine gradezu nervöse Sucht, neue Arten und Abarten in der Tierwelt aufzustellen; es brauchen in einer Tierart nur einzelne Individuen eine etwas abweichende Färbung einiger Federn, des Schnabels oder der Haare zu besitzen, alsbald werden sie zu einer besondern Species oder Varietät gestempelt, ohne Beachtung der individuellen Variabilität, des Skelettbaues und der wesentlichen Organe. Schon B. v. Cotta äußerte sich 1872 in seiner „Geologie der Gegenwart" (S. 229) darüber mißbilligend mit den Worten: „noch ein wahrer Augiasstall voll schlechtbegründeter Arten liegt vor, und der Unfug, sehr unvollständige Exemplare als neue Species in die Welt einzuführen, ist leider noch immer sehr verbreitet." Damit ist es seitdem — Gott sei's geklagt — nicht besser, sondern schlechter geworden.

Auch der Elch der alten Welt ist von dieser Sucht betroffen worden und sein überhaupt leicht zur Unregelmäßigkeit und Veränderung geneigtes Geweih hat ausschließlich zur Aufstellung einer neuen Art, des Elches mit stangenförmigem Geweih, den wir der Kürze wegen einfach den Stangler-Elch nennen wollen, herhalten müssen. Gewiß können sich auch in der Gegenwart Varietäten, die Vorstufen zu neuen Arten, ausbilden und demnach auch der recente Elch sich allmählich in einzelne neue Species spalten. Ob das aber bereits geschehen, erscheint zweifelhaft und unerwiesen.

Die Frage über angebliche zwei Arten des Elches, des alten Schauflers und des neuen Stanglers, ist nicht mehr neu und hat bereits eine Geschichte hinter sich. Der frühere Wildmeister des

Kaiserlichen Hegewaldes Bjelowesch, von Auer sagt (s. „Deutsche Jäger-Zeitung", Bd. 30, S. 556), Stangler seien schon 1864—1867 in Kurland, namentlich in Angern und Nieder-Bartau, bemerkt worden; sie seien hochläufig und dunkler von Farbe als Schaufler, und in die Bjelowescher Haide seien sie wohl aus dem Minsker Gouvernement eingewandert.

Der Oberförster Schultz aus Skallischen, preußischer Regierungsbezirk Gumbinnen, hat Dr. B. Altum in Eberswalde mitgeteilt, in seinem Revier seien schon vor dem J. 1845 ausschließlich Stanglerelche vorgekommen und zwar — nach Ansicht des Forstpersonals — weil die Elche dort hauptsächlich auf Nadelholzäsung angewiesen wären; unter diesen Stanglern seien oft sehr starke Stücke gewesen und die Stärke der Stangen hätte auf sehr alte Hirsche schließen lassen.

Baron F. Nolde spricht in seinem 1872 erschienenen Buche: „Aus der Jägerpraxis" von starken Elchgeweihen in Kurland, welche Stangengeweihe gewesen sind und von denen einzelne 14—16 Enden gehabt haben, ferner, daß viele Jäger die Ursache solcher Geweihbildung besondern Standorten und der Aesung zuschrieben.

Der preußische Oberförster Ulrich spricht bereits 1871 (s. „Zeitschrift für Forst- und Jagdwesen", Bd. 4) von einzelnen Stangengeweihen bei den Ibenhorster Elchhirschen.

In dem russ. Jagdjournal „Priroda i ochota" (J. 1887, Heft 4) sagt Herr L. Lwow, es gebe im Pskowschen Gouvernement zwei Arten Elche, eine dunkelfarbige und schwere mit langen spitzen Stangengeweihen, und eine graugefärbte kleinere mit Schaufelgeweihen; auch in Litthauen seien diese beiden Arten bekannt und von den Jägern als Spitzaki und Rogaly unterschieden. — Im selben Jahrgang jenes Journals behauptet Fürst M. Golizyn, es seien auch im Kiewschen zwei Arten, nur seien umgekehrt die Stangler körperlich geringer als die Schaufler.

Nach diesen Zeugnissen ist daran nicht zu zweifeln, daß mindestens bereits vor Mitte des vorigen Jahrhunderts Elche mit Stangengeweihen vorhanden waren; auch wird manche ältere

Sammlung letztere aufzuweisen haben, nur daß das wenig beachtet und bekannt geworden ist.

Im Band I der 1901 gegründeten „Baltischen Waidmanns=blätter" wurde die Frage über zwei Elcharten neu aufgeworfen, und seien hier die daselbst niedergelegten Ansichten und Beobachtungen kurz wiedergegeben.

Herr A. v. Mickwitz sagt, in Estland trete der Stangler seit 18—20 Jahren auf und rücke allmählich von Ost nach West und von Nord nach Süd; er fege sein Geweih später als der Schaufler, und zwar erst zu Ende August (a. St.), brunfte auch später, im September, und habe zuweilen noch im Januar auf; sein Körper sei kürzer im Bau als der des Schauflers.

A. Baron Nolcken erzählt, bereits in den sechsziger Jahren vorigen Jahrhunderts seien in Livland Stangler und Mischlings=formen zwischen ihnen und Schauflern beobachtet worden; man könne die Stangler als Einwanderer ansehen, da ein solcher Typus längerer Zeiträume zu seiner Entstehung bedürfe. Die Stangler seien ihm stärker und schwerer, auch dunkler (braunschwarz) erschienen als die mehr grauschwarzen Schaufler, und ihre Läufe seien lebhafter weiß mit einem Stich ins Gelbliche. Der Stangler wähle mehr trockne Stellen, wie Kiefernhaide, zum Aufenthalt und werde dort durch Schälen und Verbeißen von Kiefern und Fichten forstschädlich.

Herr S. Buturlin berichtet, daß im Simbirskischen Gouvernement die Elche vor 30 Jahren ausgerottet oder ausgewandert seien, dann aber wieder in großer Anzahl sich eingefunden hätten und die Hirsche größtenteils Stangengeweihe aufgewiesen hätten.

Baron J. Budberg behauptet, im Ural, in den Gouver=nements Perm und Ufa, gebe es zwei Arten, eine mit langgestrecktem schwerem Körper und dunkelbraunem Mähnenhaar und Kopf, und eine andre mit kürzerem und leichterem Körper, dessen Seiten dunkelbraun, dessen Rücken und Kopf fast schwarz erscheinen. Unter beiden Arten gebe es Schaufler, mehr aber unter der erst erwähnten, während die andre wohl Halbschaufler, aber keine ausgesprochenen Stangler aufweise.

8

J. Baron Wolff meint (in Bd. II), es gebe in Livland sowohl Stangler als Schaufler; erstere seien schwer, hochgestellt und von bräunlicher Färbung, die Schaufler aber geringer, von niedrigerem Bau und schwärzlicher Färbung.

Soviel aus genanntem Jagdblatt.

Herr E. Leverkus-Leverkusen in Bonn, der hauptsächlich in Skandinavien Elche gejagt hat, sondert letztere gleichfalls (s. „Wild und Hund", 1901 № 34) in zwei Arten. Bei der einen ist das Schaufelgeweih massiger verect, plump, mit kurzen Enden, in Farbe meist grau, und die Augensprossen sind teilweise mit den Schaufeln verwachsen. Die Gestalt dieser Elche ist größer und plumper, der Kopf martialischer, die Lichter hervorstehend, der Bart länger, bis zu 25 cm., heller und spitzer; die Haarfarbe auf dem Rücken spielt ins Graue, die am Bauche und an den Läufen ist schmutzig-weiß oder graugelb. Der Standort dieser Art sei meist in Sümpfen und Mooren. Die andre Art trägt auf dem kleineren Kopfe ein schlankes Stangengeweih von rötlicher oder bräunlicher Farbe mit langen kräftigen Enden und freistehender Augensprosse; ihr Bart ist kürzer und stumpfer, die Rückenhaare sind bis in die Flanken schwärzer mit einem tiefschwarzen Rückenstrich, und Bauch und Läufe fast weiß.

Der russische Elchjäger, Herr D. Naryschkin stellt in seinem Buche „Die Elchjagd" (Ochota na lossei, 1901) gleichfalls zwei Species oder Typen auf, Stangler und Schaufler. Erstere besitzen, auch selbst wenn sie über 10 Jahr alt sind, lange Enden an den Stangen mit gar keiner oder nur unbedeutender Schaufelbildung. Ihre Färbung ist dunkler und ihr Körper größer. Bei der andern Art aber haben die Schaufeln häufig schwache Enden und ihre Haarfärbung spielt ins Gelbliche. Stangler trifft man vorzugsweise in den Ostseeprovinzen an, während im Petersburger und Nowgoroder Gouvernement sowie in Finnland beide Arten und Mischlinge derselben vorkommen.

Herr W. Rasewig meint (im 9. Jhrg. der Psowaja i rusheinaja ochota), der Körperbau des Stanglers sei plumper, sein Brustteil umfangreicher und der Rücken zum Kreuz hin abschüssiger als beim Schaufler; auch seien die Schalen größer und die Contraste in der Färbung, so bei den dunklen Körperseiten und den hellen Läufen, stärker; am Kopf zeige sich, besonders um die Lauscher herum, ein grauer Schimmer; die Färbung des Schauflers sei eine gleichmäßig dunkelgraue und die seiner Geweihe gelbbräunlich.

Der alte Dienstjäger A. Stützer berichtet mir, Stangler fänden sich ziemlich viel im Petersburger Gouvernement im Kreise Peterhof und von dort bis Narwa hinab in den Strandwäldern; er selbst habe einen starken Stangler mit einem Geweih von 26 Enden geschossen. Der Körper der Stangler sei länger, die Läufe seien höher und die weiße oder grau-weiße Behaarung reiche an den Hinterläufen, besonders an deren Innenseiten, höher hinauf als beim Schaufler. Ihre, der Stangler, Aesung bestehe vorzugsweise aus Rinden und Zweigen, u. a. auch aus Zweigen der Preißelbeere (Vaccinium vitis idaea) und Heidelbeere (Vaccinium myrtillus). Ihr Wildbret sei weniger schmackhaft als das der Schaufler.

Noch sei der Erzählung eines Herrn W. v. K. in der „Deutschen Jäger-Zeitung", Bd. 38 Nr. 48, erwähnt, der in Livland im Dorpater Kreise zur Elchjagd gewesen. Er sagt, man habe ihm dort die Stangler als „sibirische" (!) Elche" bezeichnet; sie seien stärker, etwa einen Fuß (!) höher, heller gefärbt und auch bösartiger als die skandinavischen; ihre Geweihe wären stark und schwer.

Man beachte, daß keiner der hier angeführten Zeugen angiebt, er habe gleichzeitig Schaufler und Stangler vor sich gehabt und mit einander verglichen oder gar Maße von ihnen genommen, ferner angiebt, wie alt etwa die beschriebenen Exemplare gewesen. Auch sei auf die vielfachen Widersprüche in deren Schilderungen auf- merksam gemacht; bald wird der Schaufler als der körperlich stärkere und höhergestellte hingestellt, bald umgekehrt der Stangler; bald ist letzterer dunkler im Haar als der Schaufler, und dann wieder umgekehrt. Kurz, ein andres Merkmal zur Bestimmung

dieſer angeblich neuen Art, des Stanglerelchs, außer einer ab=
weichenden Geweihform, ſteht nicht feſt.

Fügen wir gleich einige Anſichten über den Urſprung und
die Entſtehung der Stangler hinzu. Herr H. Baron Loudon
(Balt. Waidmannsblätter, Bd. I) hält den Stangler für eine ſüd=
lichere Form. — Herr Dr. E. Schäff (ebendort) möchte den
Stangler als ein mehr-weniger abnormes Individuum und vielleicht
als ein Inzucht=Erzeugnis anſehen. — Herr E. Bark (ebendort)
ſpricht die Stangler als Degenerations=Produkte an. — Herr
H. Carlile (ebendort) meint, die in den Oſtſeeprovinzen erlegten
Stangler ſeien jüngere Elchhirſche, welche nicht zur Schaufelbildung
gelangt ſind. — Herr W. Raſewig faßt (a. a. O.) ſeine länger
ausgeſponnene Anſicht etwa ſo zuſammen. Der Typus der Stangler
iſt kein Zufallsprodukt, da er ſich in verſchiedenen Gegenden, auch
nicht ſelten und in gleicher Form vorfindet; auch iſt er kein Produkt
der Degeneration, da er nichts Schwächliches oder Verkümmertes
aufweiſt. Der Schaufler ſtellt die nordiſche, der Taiga angehörende
Form vor, der Stangler aber die ſüdöſtliche, in den Sumpfwäldern
heimiſche, die allmählich nach Weſten rückt und bereits die Oſtſee
erreicht hat, während der Schaufler nordwärts weiche. Das Ver=
nichten der üppigen Sumpf= und Laubwälder und die Ausdehnung
des Feldbaues in den an den Ural grenzenden ſüdöſtlichen Gouver=
nements des europäiſchen Rußlands, die der Zone der Eichen= und
Lindenwälder angehören, hat die Stangler von dort verdrängt, und
ſie beſetzen jetzt nach und nach die freilich auch ſchon ſtark entwaldeten,
aber vielfach wieder mit jungem Nachwuchs bedeckten weſtlichen
Gouvernements.

Zu dieſer Anſicht des Herrn R. ſei gleich bemerkt, daß in
den ſüdöſtlichen Gouvernements, in denen ſich der Stangler aus=
gebildet haben ſoll, alſo in den Gouvernements Orenburg Ufa,
Samara und Simbirſk, weder ein ausgedehnteres Vorkommen des
Stanglertyps früher oder jetzt, noch auch ein Wandern von Elchen
dieſer Art von dort in nordöſtlicher Richtung beobachtet worden iſt,
vielmehr, wie wir im vorigen Kapitel erfahren haben, im europäiſchen

Rußland ein Ziehen und Vorrücken der Elche von West nach Ost und von Nord nach Süd erkennbar war oder ist.

Der tierkundige Präparator Th. Lorenz in Moskau hat seine Ansicht in dieser Sache mir gegenüber brieflich dahin geäußert, er könne keine zwei Arten des europäischen Elches anerkennen und sehe darin, daß der Stangler sich nicht zu einem Schaufler entwickele, nur eine Wirkung der Kultur. Stangler finde man hauptsächlich in stärker kultivierten und bewohnten Gegenden, so in den Ostsee= provinzen und den Gouvernements Kiew, Pensa und Petersburg, wo die Wälder immer mehr zusammenschrumpfen und die Elche zu wenig Ruhe genießen und keine lange Lebensdauer erreichen. In frühern Zeiten sei es damit anders gewesen und auch in den ge= nannten Gegenden habe man Schaufler genug angetroffen.

Zu einer Art oder Species im naturwissenschaftlichen Sinne werden tierische und pflanzliche Gebilde gerechnet, welche gleiche wesent= liche und uns durch längere Zeitperioden hindurch constant erscheinende Merkmale und Eigenschaften besitzen, und welche dabei von einander abstammen und fruchtbare Nachkommen hervorbringen. Nun sind als unterscheidende Merkmale beider der angeblichen Arten von Elchen bisher nur verschiedene Geweihformen beobachtet und geltend gemacht worden. Aber Geweihe der Hirsche sind noch keine so wesentlichen Merkmale, daß sie allein zur Aufstellung einer neuen Art dienen können; sie sind geschlechtliche Organe untergeordneter Gattung und neigen an sich bei den Cerviden zu Unregelmäßigkeiten und Ver= änderungen. Stangenförmige Geweihe hat man unter andern auch bei Renen beobachtet, bei denen sonst die Schaufelbildung die Regel ist. Auch zeigen die Geweihe der Elchhirsche die mannigfaltigsten Uebergänge zwischen Stangen= und Schaufelformen (s. T. XII Nr. 28, T. V. Nr. 12 und T. VI Nr. 15), ja es giebt auch Geweihe, deren eine Hälfte eine Schaufelform und deren andre Hälfte eine Stangenform besitzt.

Wir haben oben bereits darauf gewiesen, daß eine verschiedene Körperform, ein verschiedener Bau des Rumpfes und der Glieder bei Schauflern und Stanglern nicht festgestellt worden ist oder mindestens die Beobachter sich darin widersprechen. Auch ist bisher immer nur von Hirschen die Rede gewesen und über etwaige Unter= schiede bei Elchkühen, die doch wohl auch zu berücksichtigen wären, wird ganz geschwiegen.

Verschiedene und abweichende Haarfärbung bei Säugetieren einer Species kann an sich nicht zur Begründung besonderer Arten benutzt werden; sie variiert individuell und klimatisch, und wollte man sie zu einem Hauptkennzeichen einer Art stempeln, so stände man vor einer verwirrenden Anzahl von Species und müßte z. B. mindestens ein Dutzend Arten des europäischen Wolfes und noch mehr Arten des gewöhnlichen Fuchses aufstellen.

An manchen Orten hat man die Stangler als Eindringlinge und Fremdlinge angesehen, welche etwa aus den südöstlichen Gou= vernements des europäischen Rußlands oder gar aus dem fernen Sibirien eingewandert seien. Ein skandinavischer Stangler hätte also den weiten Weg durch Rußland bis zum Polarkreise und um den Bottnischen Meerbusen herum nach Schweden machen müssen, und ein preußischer einen nicht minder weiten. Daß Elche eine bewegungslustige Natur besitzen und Wanderungen unternehmen, ist freilich richtig und haben wir das im vorigen Kapitel erörtert. Doch ist bisher keine bestimmte oder abgegrenzte Gegend bekannt, die nur oder vorwiegend Stangler erzeugt und aus welcher sie sich verbreitet haben könnten. Sie sind vielmehr in weit auseinanderliegenden Gegenden Europas, und eben nur Europas, fast gleichzeitig aufgetreten und bemerkt worden, in Ostpreußen und im Gouvernement Pensa, in Skandinavien und im Gouvernement Simbirsk, in den Ostseepro= vinzen und im Gouvernement Kiew. Dagegen sind sie eine un= bekannte Erscheinung in Gegenden, wo noch viel urwüchsige Wälder und wenig Kulturmenschen vorhanden, so in Sibirien und Nord= Amerika. Wie sehr unbekannt in letzterem Lande, erhellt aus fol= gendem. Herr W. T. Hornaday in New=York schickte mir die auf T. XIII Nr. 29 wiedergegebene Zeichnung eines Geweihes, welches ihm aus Hamburg als „sibirisches" zugegangen war, und fragte dabei etwas verwundert, ob das wirklich ein Elchgeweih sei.

Ich konnte ihm nur antworten, daß es tatsächlich der Fall, das Geweih aber schwerlich aus Sibirien, sondern vielleicht aus dem europäischen Rußland stamme.

Zu beachten wäre auch, daß unter den fossilen Elchgeweihen, soweit mir bekannt, kein ausgesprochenes Stangengeweih sich findet.

Als einen Kümmerer im jagdlichen Sinn oder als ein Degenerationsprodukt, also ein durch schädliche Einflüsse und Inzucht im Wachstum und in der Entwickelung zurückgebliebenes Individuum, ist der Stangler durchweg nicht anzusehen, wenn auch einzelne schwächere und kümmerliche Exemplare von ihm angetroffen werden. In der Regel sind Stanglerhirsche körperlich kräftig entwickelte Tiere mit schweren Geweihen, die letztere in den Buchten einen kleinern oder größern Ansatz zur Abplattung zeigen. Ganz ausgesprochene Stangengeweihe, wie die auf T. XI u. XII № 24 u. 27 abgebildeten, sind bisher noch immer ziemlich selten und in einzelnen Fällen als abnorme oder zurückgesetzte anzusehn.

In gewissem Sinne sind alle jüngeren Elchhirsche Stangler, und würde man sie nicht zu früh erlegt haben, so hätten viele und vielleicht die Mehrzahl von ihnen später Geweihe aufgesetzt, die eher als Schaufelgeweihe denn als stangenförmige anzusprechen gewesen wären.

Also von einer besondern Art des Elches der Gegenwart, dem Stanglerelch, dürfte keine Rede sein, und selbst letztere als eine Spielart oder Varietät hinzustellen, erscheint verfrüht, so lange unsre Beobachtungen noch so unvollständig und lückenhaft sind. Wir werden jedenfalls abzuwarten haben, ob in irgend einem isolierten Elchgebiet schließlich der Stangler sich durch Vererbung zu einer festern Varietät ausbildet und der Schaufler dort verschwindet. Vorläufig könnte man ihn nur als eine beginnende Umbildung der bestehenden Art oder eine sich heranbildende Subvarietät bezeichnen. Ueber die Ursachen dieser Um- oder Neubildung teile ich im wesentlichen die Ansichten des Herrn Präparators Lorenz und des preußischen Oberförsters Schultz. Elchhirsche werden mehr oder weniger stangenförmige Geweihe aufsetzen in Gegenden, wo der

Wald durch die Forstkultur entwässert und seines Unterwuchses und
der Sumpfpflanzen beraubt ist, und wo der Elch genötigt ist, sich an
trocknere Aesung, namentlich an Kiefern, zu halten. Dazu kommt
die namentlich von Ch. Darwin nachgewiesene Neigung bei
den Tieren, besonders bei deren männlichen Individuen, sekundäre
Geschlechts-Charaktere und Organe, zu welchen ja auch die Geweihe
gehören, leicht zu variieren.

Zum Schluß dieses Kapitels noch etwas über den sibirischen
Elch und den englischen Schriftsteller R. Lydekker, bekannt durch
sein Buch The deer of all lands. — Etwas verwundert las ich
ein Referat in den Proceedings of the zoological Society of
London, 1902, Vol. I, p. 107—108, welches übersetzt derart
lautet: „Herr Lydekker wies Schädel und Geweih eines jungen
Elchhirsches aus Sibirien vor, zusammen mit einem andern Geweih,
welches er von Herrn Ward erhalten hatte. Der Schädel deutete
auf ein Alter des Elches von mindestens 6—7 Jahren; die Schädelnähte waren meistenteils verwachsen, während die Backenzähne etwa
halb vernutzt waren. Er gehörte einem etwas älteren Elche als
der Schädel, welcher sich im brittischen Museum am Skelet eines
amerikanischen Hirsches befindet und dessen Geweih eine gute
Schaufelbildung zeigt. Dagegen besaßen die beiden vorgewiesenen
Geweihe keine eigentliche Schaufelbildung und glichen tatsächlich den
Geweihen von jungen skandinavischen Elchen, nur daß sie noch
weniger Schaufelbildung als diese hatten. Sie zeigten beiderseits
am obern oder hintern Teil drei starke Sprossen und am vordern
Teil je ein oder zwei Enden. Herrn L. war mitgeteilt worden,
daß auch andre sibirische Elchgeweihe einen ähnlichen Typus besitzen.
Daß die vorgezeigten Geweihe nicht das Resultat von Alters-
entartung vorstellten, war ganz klar und ergab sich nicht nur aus
ihrer symmetrischen Form, sondern auch aus dem Grade der
Abnutzung der Backenzähne. — Die Aehnlichkeit beider Geweih-
paare samt der Nachricht, daß solcher Typus für alle Elchgeweihe
jenes Landes charakteristisch ist, bewog Herrn L., den sibirischen Elch
als eine besondere Form anzusehen. Ob er als Species oder

Varietät angesehen werden soll, war eine etwas schwierige Frage; aber da die vorgewiesenen Geweihe eine Modification des Begriffs der Gattung (definition of the genus) darlegten, erschien es geraten, ihnen in diesem Fall eine specifische Stellung (rank) anzuweisen. Obgleich Herr L. in einem kürzlich publicierten Werke auf die Möglichkeit hingewiesen hat, den sibirischen Elch gesondert hinzustellen, so hat derselbe doch, soviel ihm bekannt, keine besondere Benennung erhalten. Einen Elch mit ähnlichem Geweih hat Roullier 1847 in Fischer v. Waldheims „Jubiläum" unter dem Namen Alces resupinatus beschrieben und sich dabei auf einen im Pleistocän in Rußland gefundenen Schädel gestützt. Dennoch scheint es, daß am letzteren keine besonderen Kennzeichen vorhanden gewesen, durch welche er sich vom Schädel eines jungen skandinavischen Elchs unterschieden hätte. — Unter diesen Umständen schlägt Herr L. vor, den sibirischen Elch „Alces bedfordiae" zu benennen, zu Ehren der Frau des Präsidenten der Gesellschaft. Diese Species wäre von den beiden Rassen (races), dem skandinavischen und dem amerikanischen Alces machlis, durch das Fehlen einer Schaufel= bildung am Geweih zu unterscheiden, welches nur 4 oder 5 Sprossen auf jeder Hälfte aufweist. Die vorgewiesenen vollkommnen Exemplare dürften zur Bestimmung des Typus ausreichen. Das Vorkommen von Elchen in Sibirien mit Geweihen so einfachen Typs wie die vorgeführten, ist eine Tatsache von besonderem Interesse, weil dieses Land wahrscheinlich das Centrum ist, aus dem die eigentlichen europäischen und amerikanischen Elchrassen ent= stammen. — P. S. Seit dieser Vorführung hat Herr L. noch weitere 5 Geweihe sibirischer Elche von gleicher Form gesehen. Drei von diesen, welche den beiden vorgezeigten gleichen, hat Herr W. Rothschild erworben."

So weit das Referat über Mr. Lydekker's Vortrag. Eine Kopie des von ihm vorgewiesenen angeblichen „sibirischen" Elch= geweihes findet der Leser auf T. XIII Nr. 30. Ich habe bereits gegen dieses seltsame Verfahren des Herrn L., der die Glocken hat läuten hören, aber sehr undeutlich und ohne zu wissen wo, sowie gegen die schlimme Sucht, unter allen Umständen neue Species zu fabrizieren, in einigen deutschen Blättern Einspruch erhoben und dabei auch darauf hingewiesen, daß Herr L. von der Existenz eines europäischen Rußlands nichts zu wissen scheint. Im übrigen über= lasse ich alles Urteilen in dieser Sache den Lesern. Sollte aber jemand den „Stangler" durchaus lateinisch getauft haben wollen, so würde ich ihm Alces ramosus, im Gegensatz zu A. palmatus, vorschlagen.

Jagd und Hege.

Elche im Treiben, gem. von R. Wysozki.

Im Besitz von Dziota & Priroda in Moskau.

12. Allgemeines über Elchjagd.

Die Jagdweisen auf den Elch werden sich nach der Beschaffenheit des Reviers, der Stärke des Bestandes und den Standorten dieses Wildes, der Jahreszeit und den Landesgesetzen zu richten haben, und auf ihre Ausübung wird auch der waidmännische Sinn und Bildungsgrad des Jägers Einfluß haben. In den Hochfjelds Norwegens wird man eine andre Jagdart anwenden oder bevorzugen, als etwa in den Moorwäldern Livlands oder in der pfadlosen Taiga und in den Urmanys Sibiriens. In diesen Wildwäldern oder Waldmeeren wird man, wollte man etwa im Herbst Elche jagen, sich zu einer vieltägigen beschwerlichen Expedition zu rüsten haben, um, falls dann in einer Gegend mit Hilfe eingeborener Jäger Elche bestätigt worden sind, sich an ihren Wechseln, Suhlen oder Tränken anzusetzen, oder auch die Elche durch besonders dazu geeignete nordische Hunde stellen zu lassen und sein Heil dann im Anbirschen zu versuchen. Dort ist an eine Treibjagd nicht zu denken, einfach schon, weil's an Treibern mangeln wird.

Leichter auch ist während der Brunftzeit ein Elchhirsch zu beschleichen und zu überlisten als etwa im Hochsommer zur Feistzeit, und anders wird ein waidgerechter Jäger, dem es auf die Reize der Jagd mit allen ihren Wechselfällen und Aufregungen ankommt, den Elch zu erbeuten suchen, als der rohe Indigene und Bauer, dem es nur nach dem „Fleisch" und der Decke lüstert, gleichviel wie er sie erlangt.

Daß ein so riesiges Nutzwild, wie der Elch, von jeher den Menschen begehrenswert war und von den Jägern sowie den mißratenen und entarteten Auswüchsen des Jägertums, den Schießern und Wilderern, eifrig verfolgt wurde, kann nicht verwundern; ein glücklicher Schuß setzte namentlich den Wilddieb in den Besitz einer wertvollen Beute. Wie lüstern grade die Wilderer hinter dem Elch her sind, zeigen uns die stark bewachten Reviere in Preußen und in Rußland in Bjelowesch, wo trotz aller strengen Aufsicht und Strafen noch alljährlich Elche den Wilddieben zur Beute fallen.

Mag auch der Rothirsch etwas gewitzigter und vorsichtiger erscheinen und daher etwas schwieriger zu bejagen sein als der Elch, immerhin hat der Jäger genug mit des letzteren Vorsicht und scharfen Sinnen, besonders mit seinem feinen Vernehmen und Winden, zu rechnen und muß selbstverständlich auch mit den Lebensgewohnheiten dieses Wildes vertraut sein.

In den meisten Fällen wird dem Jäger ein Hund als Gehilfe auch hier von Nutzen sein, sei es nun ein Schweißhund, oder eine Bracke, eine Laika, ein Teckel. Das Pferd spielt bei der Elchjagd nur eine untergeordnete Rolle, ja kann meist entbehrt werden. Von den zweckmäßigen Schußwaffen reden wir später.

Im folgenden geben wir eine Uebersicht über die am meisten gebrauchten Jagdarten auf den Elch und fügen auch einige Jagd=berichte hinzu.

13. Jagd in frühern Zeiten.

Genaue Vorstellungen darüber, wie etwa die Pfahlbauern oder später die Germanen und Gallier zu Julius Cäsars Zeiten Elche gejagt, vermögen wir uns nicht zu machen. Daß die Pfahlbauern eifrige und geschickte Jäger gewesen sind, beweisen die bei den Pfahlbauten aufgefundenen Tierreste, unter denen außer Resten vom Elch auch noch die von Rothirschen, Damwild, Rehen, Steinböcken, Gemsen, Urochsen, Wisenten, Bären, Wölfen, Dächsen, Mardern, Fischottern, Wildkatzen, Füchsen, Bibern, Hasen u. a. entdeckt sind. Man wird sich damals wohl der Hunde zur Jagd bedient haben, die das Wild stellten, sodaß die Jäger es mit ihren Waffen erlegen konnten. Als Waffen aber dienten den Pfahlbauern Steinbeile, Speere mit Steinspitzen und Steinmesser. Aehnlich wird es lange Zeit auch in spätern Jahrhunderten bei den alten Germanen und Galliern und den nördlicher wohnhaften finnisch-mongolischen Stämmen in den damals bestehenden riesigen Urwäldern hergegangen sein, nur daß die Waffen allmählich vollkommner und ihre Steinteile durch Metallteile ersetzt wurden. Auch kamen Pfeil und Bogen sowie die Armbrust mehr und mehr in Anwendung, welche Schußwaffen dann neben Speeren und Schwertern bis zur Erfindung des Schießpulvers und der Flinten herhalten mußten. Aus dem 16. Abenteuer des Nibelungenliedes erfahren wir, daß die Helden damals, also im fünften Jahrhundert n. Chr., in den Wasgenwald eine „Waldreise" mit Bracken und Spürhunden machten und das gehetzte Hochwild mit Bogen und Pfeil und mit Spießen erlegten, Held Siegfried aber vorzugsweise sein Schwert Balmungen benutzte, um das starke Wild, Wisente, Elche u. a., zu „schlagen".

Zur Römerzeit war in Germanien die Jagd für jedermann frei und wurde erst allmählich ein Grundrecht der Bodenbesitzer. Zur Zeit Karls des Großen, also zu Anfang des neunten Jahrhunderts, gab's schon Bannforsten, in welchen nur der König Jagdrecht hatte. Später besaßen solches Recht auch die einzelnen Fürsten, Lehnherrn, die Geistlichkeit und die freien Städte auf den ihnen zugeteilten oder gehörigen Territorien. In Frankreich und Deutschland bildete sich im Lauf der Zeiten, besonders an den Fürstenhöfen, eine geschulte Jägerei aus und die Jagdmethoden wurden vielseitiger. Ob damals, im Mittelalter, die Jägerei in Deutschland, wie behauptet wird, noch geglaubt hat, daß der Elch sich nicht niedertun, oder am Boden liegend sich nicht erheben könne und daher an Bäume gelehnt schlafe, man also letztere vorher nur anzusägen brauche, um ihn zu Fall zu bringen und bequem zu erlegen, erscheint doch recht zweifelhaft.

Frühzeitig wurden von der Jägerei auch verschiedene Hunderassen gezüchtet, und man unterschied Leit-, Spür-, Trieb-, Wind- und Vogelhunde. Man kirrte oder trieb größeres Wild in Einzäunungen oder umstellte es mit Netzen, Garnen und Tüchern, um es vor die Jäger zu bringen. Wie ein solches „eingestelltes" Jagen bewerkstelligt wurde, möge man etwa in G. L. Hartig's „Lehrbuch für Jäger" nachlesen. Oder die Schützen standen vor und das Wild wurde durch Treiber und Hunde auf sie zugetrieben. Nebenbei wurden wohl auch Schlingen und Gruben zum Fange des Wildes angewandt.

Im spätern Mittelalter und bis in die Neuzeit hinein entfalteten die Fürsten und Großen auf ihren Jagden einen außerordentlichen Pomp und Luxus, verbunden mit allerlei Ceremoniell. Derartige Jagden veranstaltete auch im 18. Jahrhundert z. B. der König August III von Polen in den Wäldern von Bjelowesch auf Wisente und Elche.

Der kleine Mann, der Bauer und Hörige, war in Deutschland bis zum Beginn der Neuzeit nicht jagdberechtigt. Nach dem dreißigjährigen Kriege geriet wie vieles andere auch das Jagdwesen in Deutschland in Verfall, das Wild, besonders das Hochwild und darunter der Elch, verminderte sich stark oder wurde ausgerottet, und erst sehr allmählich kam dann wieder in dieser Beziehung Ordnung im Jagdwesen zur Geltung, sodaß Deutschland, was Ausbildung der Jäger, Jagdbetrieb und Wildhege betrifft, heute musterhaft dasteht; nur fehlt dort ein einiges Jagdgesetz, und die Jagd=Verordnungen der 24 Einzelstaaten weichen vielfach in wichtigen Bestimmungen von einander ab. Freilich der Elch ist dort bis auf einen kleinen Rest verschwunden und die Jagd auf ihn ist nur eine gelegentliche und seltene oder wird nur aus Bedürfnis der Hege ausgeübt.

~~~~~~~~~

14. Jagd bei den Indigenen und Bauern in Russland.

In ganz Sibirien und einem großen Teil des europäischen Rußlands genießen die Indigenen und Bauern, oder richtiger sämtliche Bewohner, bisher eine zum Teil ungerechtfertigte, schier unbegrenzte Jagdfreiheit, wie wir das im Kapitel 21 näher darlegen werden. Sie haben diese Jagdfreiheit bis jetzt auf die unvernünftigste und meist wahrhaft barbarische Weise auch dem Elchwilde gegenüber unter dem Titel „gewerbsmäßige Jagd" ausgenützt. Jedes Mittel und jede Jahreszeit ist diesen „Jägern" recht, um das Wild zu verfolgen und zu morden, wobei weder auf Alter noch Geschlecht Rücksicht genommen wird; selbst viele aus den sogenannten bessern Ständen, darunter Staats= und Forstbeamte, treiben es darin nicht anders. Und dabei beklagen sich all' diese Leute sonderbarer Weise über stätige Abnahme des Wildes! Allerdings, eine solche Abnahme ist deutlich genug zu spüren. Nach Angaben des um das russische Jagdwesen überaus verdienstvollen Naturforschers L. Sabanejew wurden im Permschen Gouvernement bis zum J. 1872 jährlich 1500 bis 3000 Elche erbeutet, seitdem aber immer weniger, so in den Jahren 1890 und 1891 nur noch je 300 Stück. Aehnlich verhält es sich in den meisten Gegenden Rußlands, sei's im Wolog=daschen oder Tobolskischen Gouvernement, in Transbaikalien oder im Ussuri=Gebiet.

Bis zur Gegenwart sind im europäischen Rußland, z. B. im Permschen Gouvernement, sowie in Sibirien behufs Erbeutung von Elchen die Fanggruben beliebt. Sie werden gewöhnlich in Hohlwegen und Flußniederungen, wo Elche hin= und herwechseln, oder wo sie, wie im Permschen Gouvernement und namentlich in dessen Kreise Solikamsk jährlich zweimal durchwandern, angelegt, und zwar eine Anzahl Gruben hinter= oder nebeneinander. Dazu gehören dann noch lange Verhaue oder Zäune zwischen den Gruben und seitwärts von ihnen, welche das Wild zum Betreten der Gruben= stellen zwingen. Einzelne Promyschlenniki, d. i. Personen, welche die Jagd als Gewerbe betreiben, sollen 50 bis 70 und mehr Stück dieser trefflich verblendeten Gruben besitzen, die dann ein ganzes wohlberechnetes System bilden. Etwa einmal wöchentlich oder gar erst alle zwei Wochen werden diese Fallgruben besichtigt, wo dann nicht selten das hineingeratene Wild bereits an Hunger eingegangen und verludert ist. — Aehnliche Verhaue werden in Sibirien oft in einer Länge von fünf bis sechs Werst und darüber errichtet und besitzen eine Anzahl Lücken, in denen bisweilen Schlageisen, gewöhnlich aber sinnreiche S p e e r f a l l e n oder S e l b s t s c h ü s s e, letztere mit einer Art riesiger Armbrust oder mit alten Musketenrohren ausge= rüstet, angebracht sind. Eine dünne, quer in der Lücke oder dem Durchlaß gespannte Schnur bringt, sobald sie vom Wilde berührt wird, diese mörderischen Apparate in Wirksamkeit.

Vielfach bedient man sich im nördlichen europäischen Rußland und in Sibirien der wolfsähnlichen nordischen Hunde, der Laiki oder Verbeller, zur Jagd auf allerlei Klein= und Großwild. Doch sind nur wenige dieser Hunde zur Jagd auf den Elch oder ssochaty und auf den Bären tauglich, und die Mehrzahl wird nur zur Jagd auf Federwild, Eichhörnchen, Marder und dergleichen verwandt.

Beliebt ist auch der A n s i t z an natürlichen, von Elchen besuchten Salzsümpfen und Salzquellen oder, in Ermangelung derer, an künstlichen Salzlecken. Hin und wieder werden auch Elche, die sich in Seen oder Flüssen suhlen oder äsen, in mit Laub= werk verblendeten Böten angefahren oder vom Ufer aus beschlichen. Im Turinsker Kreise des Gouvernements Tobolsk erlegte ein Bauer einmal einen im Flusse ruhenden Elch, bemühte sich aber vergebens, den schweren Körper auf das ansteigende Ufer zu ziehen und setzte

9*

sich endlich ermüdet in ein nahes Gebüsch. Plötzlich sah er einen starken Bären herantrotten, der den Elch gewittert hatte und ihn nun aus dem Wasser zu ziehen begann; nach vielem Hin= und Herwälzen gelang ihm das endlich. Rasch entschlossen schoß nun das Bäuerlein auf den Bären und erlegte ihn, der diesmal einen richtigen Bärendienst geleistet hatte, auch glücklich mit einem Kopfschuß.

Die beliebteste Art, den Elchen nachzustellen, ist jedoch die auf Schneeschuhen, sobald der Schnee hoch liegt und eine Kruste besitzt, was regelmäßig im Februar und März der Fall ist, also zu einer Zeit, wo die Elche in Rudeln oder Trupps stehen. Gewöhnlich vereinigen sich zu diesem schändlichen Betriebe mehrere Mann und führen eine Anzahl Hunde mit. Die aufgetanen und gehetzten Elche rennen sich die Läufe schweißrünstig, ermüden in dem tiefen Schnee bald, werden dann von den Hunden gestellt und von den Jägern niedergeknallt oder, um Pulver und Blei zu sparen, einfach mit den Skistöcken, an deren Spitze Messer befestigt sind, niedergestoßen, oder noch einfacher mit Knütteln erschlagen. Bei weniger tiefem Schnee dauert die Verfolgung zuweilen ein bis zwei Tage, ehe die Elche ermatten. Selbstverständlich wird bei dieser Hetze alles, was Elch heißt, niedergemacht, zunächst die beschlagenen Kühe und die Kälber. Der Leser möge sich hierzu die Greuel solcher Schlächte= reien nach Belieben ausmalen.

Auf diese Weise erlegten z. B. Bauern im Kreise Kologriv des Gouvernements Kostroma an einem Wintertage gegen 300 Elche, und andre im Kreise Werchoturje des Gouvernements Perm, wie L. Sabanejew berichtet, mehrere Winter hindurch je etwa 1000 Stück. Im Gouvernement Archangel töten einzelne Samojeden auf ähnliche Art im Nachwinter je 25 bis 40 Stück. In der Zeitschrift „Wostotschnoje obosrenije" v. J. 1891 № 27, erzählt ein Herr Lawrentjew, vor etwa 40 Jahren hätten drei Bauernjäger im Baikal=Gebiet Elche bei Krustenschnee gejagt, 60 deren getötet und nur die Decken mitgenommen, ferner hätten Bauern des Dorfes Gorätschinski daselbst einmal gegen 200 Elche erschlagen. Diese Beispiele ließen sich beliebig vermehren.

Auf gleiche Weise werden außer Elchen auch Rehe, Maral=
hirsche und Rene jährlich zu Tausenden geschlachtet.

Aber nicht nur rohe Bauern üben diese Jagdart, die Ochota
po nastu (Jagd bei Krustenschnee) genannt wird, aus, nein auch
nicht selten bessern Ständen angehörende Russen. So schoß ein
Gutsbesitzer im Kreise Karssun des Gouvernements Simbirsk auf
gleiche Art in drei Wintern 64 Elche, ebenfalls ohne Rücksicht auf
deren Alter und Geschlecht.

Aehnlicher Jagdarten, wie die hier geschilderten, bedienen sich
auch die Lappen und Wildbiebe in Nord=Skandinavien. Bekannt
ist ferner, daß die Indianer und die weißen Jäger in Nord=Amerika
den Elchen auf eine nicht grade waidgerechte Art nachstellten und
sie mit Vorliebe zusammenschossen, wenn sie bei hohem Schnee sich
längere Zeit in engbegrenzten Aesungsplätzen, den sogenannten
Schneeparks aufhielten, oder daß sie die Elche nächtlicher Weile mit
Fackeln und Feuerpfannen blendeten und bannten, um sie bequemer
zu erlegen. Jedoch auch dort zeigte sich das Bleichgesicht viel blut=
gieriger als die Rothaut, da letztere nur so viel des Wildes erlegte,
als sie zur Nahrung brauchte.

Was bedeuten nun die im Kapitel 4 erwähnten natürlichen
Feinde des Elches, wie Tiger, Wolf und Bär, und der von ihnen
verursachte Abbruch an den Elchständen gegen das „Ebenbild Gottes“
und sein Verfahren dem Wilde gegenüber? Und hatten wir unrecht,
den Menschen, wenigstens gewisse Gattungen von ihm, dort den
grausamsten und rohesten Feind des Wildes zu nennen?

15. Jagd mit Bracken.

Diese Jagdart ist noch in Schweden und einzelnen Teilen des europäischen Rußlands, u. a. auch in den Ostseeprovinzen in Gebrauch, wenn sie in letzterer Gegend auch allmählich an Boden verliert und durch andre Jagdarten, namentlich die Treibjagd, ersetzt wird. Die Brackenjagd wird vorzugsweise im Herbst ausgeübt und verspricht natürlich um so mehr Erfolg, je mehr Jäger an ihr teilnehmen. Gewöhnlich besetzen diese, bevor noch die Meute zum Regemachen des Wildes in den Busch geführt und gelöst wird, die mutmaßlichen Wechsel der Elche. Stellen die Hunde einen Elch, so eilen die nächsten Jäger dem Standlaut nach und versuchen sich dem gestellten auf Schußweite zu nähern.

In frühern Zeiten, vor fünfzig und mehr Jahren, als in Kurland noch ein jeder adlige Gutsbesitzer das Recht der Jagdfolge besaß, wurde außer anderm Wilde auch der Elch gern mit der Brackenmeute gejagt. Jäger und Piquere, erstere ausgerüstet mit Doppelflinten, Hörnern und Peitschen, zogen, einen ganzen Troß bildend, zu Wald. Das Revier wurde von den abgesessenen Jägern umstellt, die Skrauja angeblasen und die Koppelhunde geschnallt. Sobald ein Elch "gehoben" war, ertönte der Ruf "Halant" (wohl gleich: Ha — Elend), und ging der Elch unbeschossen oder nur krankgeschossen durch die Jägerkette, so wurden die Pferde bestiegen, und in nicht selten langen und wilden Ritten durch Dick und Dünn versuchte man dem Wilde zuvorzukommen. War ein Elch glücklich erlegt, wozu man sich fast nur der Schüsse mit Rundkugeln bediente, so blies der Jäger das "Haldot" oder "Elchtot" und das Signal "Herwärts". Hatten sich dann die Teilnehmer dieser "fliegenden

Jagd" versammelt, so wurde das Waidmannsheil mit manch'
kräftigem Trunk aus der Feldflasche besiegelt, und, falls es nicht
zu spät geworden, die Jagd fortgesetzt.

Die Jagd mit Bracken ist wenig empfehlenswert, schon deshalb,
weil, abgesehen von der starken Beunruhigung des Reviers durch
die lautjagenden Hunde, die im Revier stehenden Elche versprengt
und vertrieben werden. Auch ist der Erfolg dieser Jagdweise in
der Regel ein geringer, da die Elche vor den hitzig jagenden Bracken
sehr weit weg flüchten.

Statt der Laufhunde gebrauchen viele Herrenjäger in Rußland
seit einigen Jahren L a i k i zur Jagd auf Elche und Bären und
sind von ihren Eigenschaften und Leistungen, namentlich ihrer Schärfe,
Ausdauer und ihren feinen Sinnen, befriedigt. Unter dem Gattungs=
namen „Laika" werden in Rußland mit Sibirien alle nordischen
Hunde zusammengefaßt, die sich durch spitze aufrechte Ohren, dichte
Behaarung und wolfs= oder fuchsartiges Aussehen auszeichnen, sich
im Besitz der vielen finnischen und mongolischen Volksstämme in
Rußland befinden, und von ihnen sowohl zur Bewachung der
Rentierheerden und zum Schlittenziehen, wie auch zur Jagd auf ver=
schiedenes Wild verwandt werden. Zur Jagd nun auf Elche werden
sich von diesen in vielfachen Spielarten vorhandenen Hunden jedoch
nur diejenigen eignen, die der Russe swerowyje, d. i. zur Jagd
auf großes Haarwild tauglich, nennt und welche bereits auf Elche
benutzt worden sind oder deren Eltern mindestens zur Elchjagd
gebraucht wurden. Laiki mit dieser Eigenschaft finden sich z. B. in
den Gouvernements Kostroma, Wjätka, Perm und Irkutsk. An der
Leine geführt und auf eine frische Elchfährte gebracht, verfolgen sie
letztere stumm, und werden sie dann in der Nähe des Elches gelöst,
so stellen und verbellen ihrer drei gewöhnlich bald den Elch. Ebenso
nehmen sie die Schweißfährte eines angeschossenen Elches auf und
jagen ihn zu Stand.

16. Mit dem Elchhund in Norwegen.

In den norwegischen Bergwäldern und auf den wilden Fjelds
wird der Elch vorzugsweise oder ausschließlich mit Hilfe des Elch=
hundes zu der dafür angesetzten Jagdzeit im September erlegt.
Der Hund wird von seinem Führer oder Besitzer an einem Riemen
geführt, welcher an der Saele (= Siele) befestigt ist. Letztere
besteht aus einem weiten Halsband und einem Riemen um den
Vorderleib des Hundes, die beide durch einen Brustriemen ver=
bunden sind. Diese Vorrichtung hat den Vorteil, daß der Hals
des Hundes bei seinem Anziehen nicht gedrückt wird. Sobald der
Hund eine frische Elchfährte spürt, läßt man ihn an der Leine ihr
folgen, bis er in die Nähe des Wildes kommt, es wittert und das
durch sein Benehmen anzeigt. Nun gilt es vorsichtig auszuschauen
und an das entdeckte Wild unter dem Winde sich anzuschleichen,
bei ungünstigem Winde es aber zu umschlagen, bis man einen
Schuß anbringen kann. Windiges Wetter begünstigt diese Jagdart,
doch bleibt sie in dem zerklüfteten, mit Steinen bedeckten und von
Wasserrinnen, Moortümpeln und Büschen durchsetzten Terrain eine
anstrengende und mühsame, und man ist in der Regel genötigt,
auf weite Entfernungen zu schießen. Mißlingt das Anbirschen oder
geht der Elch nach einem Fehlschuß flüchtig ab, so ist es meisten=
teils aussichtslos, ihn weiter zu verfolgen. Der Fährte eines krank
geschossenen Elches folgt man mit dem Hund am Riemen, bis es
gelingt, ihm etwa im Wundbett einen Fangschuß beizubringen.

Der Elchhund ist eine Abart des nordischen Hundes, welcher
in vielen Spielarten als Laika in Nord=Rußland und Sibirien
vorhanden ist und bei welchem das Wolfsblut deutlich genug zu

Tage tritt. Der norwegische Elchhund ist meist von grauer, seltener von schwarzer Farbe, und seine Zucht ist ziemlich entwickelt. Er dient, wie wir gesehen haben, zugleich als Leit- und als Schweißhund, besitzt auch gewöhnlich Appell und verbellt den gestellten oder kranken Elch. Seine Nase läßt nichts zu wünschen übrig: er wittert Elche unter günstigen Umständen und besonders zur Brunftzeit bis auf einen Kilometer und hält eine Schweißfährte bisweilen noch nach 12 und mehr Stunden. Er soll sich unschwer mit Wölfen paaren. — Einen etwas abweichenden Typus zeigt der ihm nahverwandte nordskandinavische Lappen- oder Finnenhund (Dyrehund genannt); seine Behaarung ist stärker und dichter, gewöhnlich auch dunkler, und er wird sowohl zum Hüten der Renheerden wie auch zu aller Art Jagd, so auf Bären, Wölfe, Fjällfraße und Federwild, benutzt.

Die Ansichten und Urteile deutscher Jäger über die norwegischen Elchjagden lauten verschieden; einzelne sind von ihnen begeistert, andere haben an ihnen mehrfaches auszusetzen. So tadelt der bekannte O b e r l ä n d e r in seinem Buche „Durch norwegische Jagdgründe", und zwar mit Recht, daß es in Norwegen erlaubt ist, auch Mutterelche zu erlegen; er rät auch, die 8 mm. Mauser-Repetierbüchse mit $^2/_8$ Mantelgeschoß zu verwenden und auf einen nach dem ersten Schuß verweilenden oder flüchtenden Elch so lange weiter zu schießen, bis er stürzt oder in Deckung gelangt, ferner die sofortige Nachsuche nach einem verwundeten Elch nur bei Laufschüssen auzustellen, sonst aber die Nachsuche, wie das bei anderem Schalenwild üblich ist, erst einige Zeit später zu beginnen.

Daß die norwegischen Elchreviere seit mehreren Jahren viel von ausländischen Jägern besucht werden, ist an anderer Stelle bereits erwähnt worden.

17. Treibjagd.

Die Treibjagd, gewöhnlich in Form von Vorstehtreiben, ist die in Rußland und seinen Ostseeprovinzen, ferner auch in Schweden am meisten angewandte Jagdart auf Elche; sie wird sowohl im Herbst bei grünem Boden, als auch im Winter bei Schnee ausgeübt. Im Spätsommer und Herbst, wann ein engeres Einkreisen der Elche vor der Jagd gewöhnlich schwer ausführbar, wird derjenige Waldteil, in welchem sich Elche gewöhnlich aufhalten, abgetrieben, und zwar erlauben die längern Tage zu dieser Jahreszeit es, an einem Tage zwei, drei oder gar vier Triebe zu machen. Auf einzelnen Gütern in den Ostseeprovinzen ist das Elchrevier zu dem Zweck in bestimmte durch breitere Gestelle geschiedene Jagen eingeteilt. Die Anzahl der zu verwendenden Treiber wird von der Größe der einzelnen Jagen und der Beschaffenheit der Oertlichkeit abhängen. Verfügt man über viele Treiber, so ist es gut, einige derselben in rechtem Winkel an die beiden Enden der Schützenkette als stumme Posten anzureihen, oder, falls zu wenig Schützen sind, an einzelne Stellen zwischen letztere zu postieren; sie haben etwa sie anlaufende Elche durch Handbewegungen, Pfiffe und dergleichen zum Abschwenken zu veranlassen. Sind der Treiber aber zu wenig, so empfiehlt es sich, die Seiten zwischen den Enden der Schützen- und der Treiberkette, wenn auch nur teilweise, zu verlappen oder mit mehr oder weniger Blendzeug (Fahnen) zu bestecken. Die Schützen stelle man unter Wind und womöglich nicht undichter als etwa 80 bis 100 Schritt von einander an, und zwar womöglich die bessern von ihnen auf die vermutlichen Wechsel. Als solche hätten u. a. Niederungen im Walde und engere Verbindungsstellen zweier Waldmoore zu gelten.

Bevor sich noch die Treiber auf ihre Plätze verfügen, haben die Jäger bereits ihre Stände zu besetzen und sich dort in Deckung still zu verhalten, weil die Elche leicht durch irgend ein Geräusch der sich an ihre Plätze begebenden Treiber rege gemacht werden können. Um Zeit zu gewinnen, führe man die Treiber gleichzeitig von zwei Seiten her zu ihren Plätzen. Auf ein verabredetes Signal setzen sich dann die Treiber in Bewegung, ohne, namentlich bei stillem Frostwetter, unnützen und übermäßigen Lärm zu machen; es genügt, wenn sie von Zeit zu Zeit pfeifen, husten und hin und wieder einen Schlag mit einem Stecken machen.

Bei Schnee werden in der Regel die Elche schon am Tage vor der Jagd bestätigt, wobei der oder die Einkreiser sich die Ein- und Ausfährten zu merken haben, um durch sie am andern Tage, wenn die Elche unmittelbar vor der Jagd nochmals eingekreist und fest gemacht werden sollen, nicht irre geführt zu werden. Das Einkreisen werde nicht zu früh am Morgen besorgt, weil dann die Elche noch rege und auf der Aesung sind. Bei tiefem Schnee leisten natürlich Schneeschuhe sowohl den Einkreisern wie den Treibern und Schützen gute Dienste, ja sind zuweilen unentbehrlich.

Bei einem Treiben trollen die Elche gewöhnlich im Trupp heran, die Kühe voran und Kälber und Hirsche hinterdrein, alle mit zurückgelegten Lauschern. Daher kommt zuweilen ein Schütze dazu, einen glücklichen Doppelschuß abgeben und zwei Stück zur Strecke liefern zu können. Einzelne gewitzigte Elche aber verweilen gern im Dickicht und lassen die Treiber an sich vorüberziehen, oder nahen sich geräuschlos der Schützenkette, sichern dort und gehen dann durch die Treiber zurück. Bei Krustenschnee, stürmischem Wetter, Nebel und Schneetreiben verlassen die Elche ungern ihre Stand- oder Lagerplätze und kommen daher später vor die Schützen, als etwa bei stillem klaren Wetter. Im allgemeinen lassen sie sich durch zweckmäßig aufgehängte Lappen wohl zurückhalten, überfallen sie aber oder rennen sie um, wenn sie unverhofft auf sie stoßen oder schon durch Schüsse erschreckt sind.

Eine Variation des Standtreibens wird in Rußland zuweilen

in der Weise gemacht, daß sowohl die Jäger als auch die in einem
Bogen aufgestellte Treiberkette, deren Enden bis zur Schützenreihe
reichen, ruhig und still auf ihren Plätzen verharren, und zwei oder
drei Kreiser oder Dienstjäger die Elche im Trieb rege machen.
Die Treiber haben nur die Aufgabe, auf sie zulaufende Elche durch
Geräusch oder Bewegungen in den Trieb zurückzuscheuchen.

Nicht selten werden auch Laufhunde in den Trieb gebracht,
was zur Folge hat, daß die Elche rascher rege gemacht werden und
gewöhnlich nicht im Trupp, sondern zersprengt und einzeln auf die
Schützenkette kommen. Auch sonst ist das Mitführen brauchbarer
Hunde zu empfehlen, um namentlich krank geschossene Elche ver=
folgen und stellen zu lassen.

Ist ein Elch krank geschossen, so verhindere man, daß unbe=
rufenes Volk und Treiber den Platz des Anschusses zertrete und so
ein Urteil über die Art der Verwundung erschwere oder verhindere.

Noch sei ein besonderes, in Rußland gebräuchliches Winter=
Treiben, das mit Hilfe der bekannten P s k o w i t s c h i oder L u k a s c h i
veranstaltete, erwähnt, welches ein geschicktes Riegeln oder ein Zu=
brücken der Elche, wie auch andern Wildes, auf die Jäger vorstellt.
Zwei oder drei dieser gewandten Leute stellen die wenigen Jäger
auf von ihnen vorher ausgekundete Wechsel an und lenken dann
die Elche langsam, ohne Lärm und in der Regel ohne Fehl auf
die Schützen. Auf diese Weise erlegten z. B. einige Mitglieder des
neuen Moskauer Jagdvereins im Winter 1901 neun Elche.

Mehrfach sind in Livland und in andern Gegenden Rußlands
auf Treibjagden nur an einem kurzen Herbsttage fünf oder sechs
Elchhirsche zur Strecke gebracht worden. Hier möge mir erlaubt
sein, den Verlauf einer der weniger erfolgreichen Treibjagden, die
ich miterlebt, kurz zu erzählen.

An einem Septembertage meldete der Buschwächter L. dem
Oberförster des Gutes M. im südwestlichen Livland, in seinen Belauf
seien seit ein paar Tagen einige Elche eingewechselt, darunter wahr=
scheinlich auch ein oder zwei stärkere Hirsche. Es wurde daher für
den nächsten Tag ein kleines Treiben beschlossen, und zeitig morgens

fuhren wir vier Jäger mit zwei Bracken von Hause ab, um die über 13 Werst entfernt in abgeschiedener Waldeinsamkeit liegende Buschwächterei zu erreichen. Der teils durch Wald, teils durch Bauerfelder führende Fahrweg war schauerlich und mußte vielfach im Schritt zurückgelegt werden; solche Wege überwindet man nur mit einem gehörigen Vorrat von Geduld und Humor und mit Hilfe der livländischen „Brettdroschken", einem leichten und praktischen Gefährt, welches aus einem Rädergestell und einem längeren federnden Sitzbrett besteht. Die letzten vier Werst führte der Weg auf einer Schneise durch sumpfigen Kiefernwald, und unsre zwei Brettdroschken verursachten auf den zahlreichen Knütteldämmen ein arges Donnergepolter. In der Buschwächterei wurde nunmehr Kriegsrat gehalten, und mit Hilfe der Waldkarte des Buschwächters sowie mit Berücksichtigung der Windrichtung der Plan zu den einzelnen Trieben festgestellt. Zu Treiberdiensten hatten sich nur acht Mann eingefunden, was bei der geringen Anzahl von Schützen unsre Hoffnungen nicht grade belebte. — Das ausgedehnte Revier bestand zum kleinern Teil aus trocknem, zum größern aus nassem und sumpfigem Kiefernwald, dessen Boden mit Wachholder, Porsch, Haidekraut, Schwarz= und Blaubeeren bewachsen war. Auf humus= reicherem Boden bildeten den Unterwuchs allerlei Weichhölzer, aus welchem riesige kernfaule Aspen und Birken neben Fichten empor= ragten. Seit einigen Generationen war hier in wilder Weise gepläntert und geplündert worden, wovon die zahlreichen Baum= stümpfe und liegen gebliebenen Wipfelenden zeugten, welche nebst einer Menge in jedem Stadium der Fäulnis befindlichen Fallholzes das Passieren sehr schwierig machten. — Im ersten Treiben kam auf die Schützen nur eine Elchkuh mit einem vorjährigen Kalbe herangetrollt und erhielt natürlich freien Passierschein. Der zweite Trieb brachte nichts von dem ersehnten Hochwild zum Vorschein, wohl aber wurde die Aufmerksamkeit der Schützen mehrfach auf vorbeistreichende Hasel= und Auerhühner gelenkt. Der dritte Trieb war der größte, und es dauerte längere Zeit, bis etwas von den Treibern zu hören war. Die Schützen standen auf einem kaum erkennbaren Fußpfade und hatten Zeit, sich die vielen Elenfliegen aus den Haaren zu pflücken oder die bunte herbstliche Waldfärbung zu bewundern. Eben war ich mit der Beobachtung eines Wiesels beschäftigt, welches mit einer Waldmaus im Gebiß an mir vorüber schlüpfte, als ich ein leises Streichen und Brechen im Gehölz und gleich darauf links zwei Schüsse und den Ruf: „Herwärts" vernahm. Es stellte sich heraus, daß unser Oberförster nicht grade auf den erwarteten Kapitalen, sondern auf einen vor ihm verhoffenden und durch Gebüsch stark verdeckten Spießer geschossen, der, wie wir nach Untersuchung des Anschusses annahmen, laufwund in's Treiben zurückgeflüchtet war. Es wurden nun, da bis Sonnenuntergang nur noch zwei Stunden verblieben, die beiden Bracken auf die Schweißfährte gesetzt, und mit lautem Hals ging jetzt die Hatz dieser durch den Wald. Keuchend und über die zahlreichen Hindernisse stolpernd und stürzend folgten wir Jäger durch Bruch und Moor der immer weiter gehenden Skrauja längere Zeit, bis endlich in einem mit hohem Schilf und Wasserpflanzen bewachsenen, zum teil unpassierbaren Sumpfe deutlicher Standlaut hörbar war. Einige Schüsse der zuerst dort angelangten Jäger brachten den ermatteten und von den Hunden verbellten Elch zu Fall, bei dem sich der eine Vorderlauf dicht unter dem Blatt durch den Schuß des Oberförsters zerschossen erwies. Allmählich fanden sich auch die Treiber ein, und nun gab es eine harte Arbeit, den Elch aus dem Sumpfe heraus auf trockneren Boden zu schleifen. Dann wurde, da es dunkel geworden, ein Lagerfeuer entzündet, und alle Mann trockneten daran ihre von Moorwasser und Schweiß durchtränkten Kleider, bis das aus der nächsten Buschwächterei bestellte Pferd mit einem Wagen anlangte und unsre Beute verladen werden konnte. Nun ging's langsam zu Fuß bei schwachem Mondschein zu jener Buschwächterei, wo die Hausfrau uns mit heißem Thee und der gebratenen, prächtig mundenden Elchleber bewirtete. Unterdes waren auch unsre Gefährte aus der andern Buschwächterei angelangt, und spät ging's dann durch die kühle Nacht heimwärts.

18. Die Birsch.

Das Anbirschen auf Elche im Spätsommer oder Herbst bei noch grünem Boden ist ein beschwerliches Unternehmen und verspricht nur einigen Erfolg in einem Reviere, wo sich Elche ständig aufhalten oder sicher bestätigt sind. Ihre Sommerstände sind gewöhnlich schwer und nicht, ohne daß unwillkürlich Geräusch erzeugt wird, zu beschreiten, und von Birschwegen und ähnlichen Erleichterungen ist da keine Rede. Ist man schließlich auch in die Nähe eines ob dem Winde befindlichen Elches, vielleicht dank einer frischen Fährte, gelangt, so verdeckt ihn allerlei Busch und Unterwuchs nicht selten derart, daß es schwierig oder unmöglich ist, sein Geschlecht zu erkennen oder einen sichern Schuß anzubringen.

Die Birsch am Morgen und am Vormittag ist der am Abend vorzuziehen, weil man dann Aussicht hat, das Wild im Bett zu überraschen, auch das Büchsenlicht zunimmt, der Anschuß besser anzusprechen ist und die Nachsuche nach einem Kranken auf nicht zu lange Zeit verschoben zu werden braucht. Selbstverständlich kann das Anbirschen nur bei günstigem Winde oder Luftzuge gelingen, wobei freilich auch leicht Täuschungen mitspielen können. Auf unebnem und mit Büschen und Wäldern bedecktem Lande zieht der Wind nie so regelmäßig in einer Richtung, wie etwa in der Steppe oder auf der See, wo er übrigens auch, wie jeder Segler weiß, hin und her springt oder schralt; er wird im Walde mehrfach abgelenkt und zurückgeworfen, sodaß er dem Wilde häufig die gefürchtete Menschenwitterung schon zugetragen hat, wo der Jäger noch meint, sich im günstigen Unter= oder Seitenwind zu befinden.

Hin und wieder wird die Morgenbirsch während der Brunft=
zeit, neben dem Anfitz und andern Jagbarten, in den Oftseeprovinzen
und in Schweden angewandt.

Ungleich ausfichtsvoller geftaltet fich die Birsch im Winter,
wenn etwa ein weicher Spurschnee uns die Fährten der Elche
verrät und das Geräusch unfrer Schritte dämpft, und wenn das
abgefallene Laub eine beffere Fernsicht geftattet. Bei höherem und
härterem Schnee bedient man fich der Schneeschuhe und wählt gern
Schneetreiben und windiges Wetter aus, welches das Schurren der
Schneeschuhe übertönt. Man rücke langsam auf der oder den
Fährten vor, halte öfter Ausschau und mache fich schußbereit, sobald
Anzeichen vorhanden, daß man fich dem Lagerplatz der Elche nähert.
Solche Anzeichen find: langsames Ziehen der letztern, Auseinandergehn
der Fährten, frische Losung und frisch benagte oder verbiffene Büsche.
Steht der Wind zum mutmaßlichen Lagerplatz hin, so schlage man,
um unter den Wind zu kommen, einen weiteren Bogen.

In Rußland und in Sibirien nehmen gewöhnlich zwei bis
drei Mann auf Schneeschuhen die Fährten auf und verfolgen fie
bis in die Nähe des Lagerplatzes; dann bleibt einer von ihnen bei
der Fährte stehen, während die andern den mutmaßlichen Lagerplatz
umkreisen und fich ihm von der entgegengesetzten Seite langsam und
schußbereit nähern. Durch dieses Verfahren gelingt es gewöhnlich
einem oder dem andern der Jäger, einen wirksamen Schuß
anzubringen.

Sehr selten und nur ausnahmsweise läßt eine Oertlichkeit
das Anfahren im Schlitten oder das Anreiten der Elche zu.

Hier die Schilderung einer Jagd auf Schneeschuhen im
November in Sibirien, und zwar im Kolywanschen Kreise des
Tomsker Gouvernements.

„Um 4 Uhr früh erwachte ich in der Schutzhütte und blickte
hinaus: kein Stern sichtbar, der Wind braust, neuer Schnee ist
nicht hinzugekommen und die Luft ist gelind. Ich beschloß, heute
nicht mit meinen Laikis zu jagen, sondern zu birschen. Nachdem
ich meine Gefährten geweckt hatte und der Thee getrunken war,

verließen wir die Hütte und befanden uns bald auf einem mit
Gestrüpp bewachsenen Sumpfe. Plötzlich hält W. an und sagt,
mit der Hand nach links weisend: „Sieh da!" Ich erkenne die
charakteristischen Anzeichen eines Aesungsplatzes der Elche. Hinzu-
gegangen erblicken wir Fährten von gestern, die in der von uns
erstrebten Richtung aus dem Sumpfe führen. Der Wind heult
und die Taiga braust, daß man auf zwei Schritte kein Wort
verstehen kann. Ich binde die Schneeschuhe fester, schiebe in meinen
Drilling eine Berdanpatrone und zwei Patronen mit Langgeschossen,
und vorwärts gehts. Wie liebe ich dieses wilde Rennen! Es ist,
als ob der Körper neue Kräfte gewonnen und man verjüngt ist.
Nur darauf geachtet, daß die Schneeschuhe an keinen Baumknorren
stoßen, und immer frisch voraus! Wir fahren einer in des andern
Spur. Die Elche waren anfänglich bei einander gezogen, hatten
aber, wie sie aus dem Sumpfe waren, sich zerstreut und hie und
da Kieferntriebe abgezupft. Wir gingen nun, um Zeit zu ersparen,
in zwei Teile getrennt zu Seiten der Fährten, die von 6 bis 7 Elchen
herrühren mochten. An einem freien Platz, der im Sommer ein
schwankender Sumpf ist, hatten sich die Elche wieder zusammen-
gefunden und nur eine Fährte gebildet, aus welcher selbst ein
kundiges Jägerauge schwerlich die Anzahl der Stücke hätte heraus-
lesen können. Anfänglich war die Fährte gut zu erkennen, bald
aber begann der Schnee auf offeneren Plätzen zu treiben und
verwehte sie. Ein schlimmes Wetter auf der Reise, aber ein
vortreffliches für die Birsch! — Aufmerksam die Fährten auf dem
Morast prüfend, gelangten wir in einen jungen Birkenbestand, wo
sich's wieder besser fährtete. Als wir die Birken durchschritten
hatten, sehe ich, daß die Elche hier wie aufgeschreckt nach allen
Seiten geflüchtet waren. Die Ursache dieses Schreckens war offenbar
der Sturz einer alten Birke in der Nähe gewesen. Wir trennten
uns nun, um die Fährten zu umschlagen, und fanden, daß sie
nach etwa 200 Faden allmählich wieder zusammenführten und
die Elche zu einer ansteigenden Brandfläche gezogen waren. Mir
ahnte, daß sie auf letzterer ständen, welche sich etwa zwei Werst

hinzog, doch schmal war und an einzelnen Stellen sich verengte, wo dann verkohlte Fichten= und Tannenstämme emporstarrten. Beim Umschlagen dieser Fläche bemerkte nun mein Begleiter etwa hundert Faden entfernt im lichten Bestande einen stehenden Schaufler, neben welchem sechs Elche lagerten und eine Kuh stand. Um unter Wind heran zu gelangen, mußte man mindestens einen Umweg von einer Werst machen. Ich hieß einen meiner Begleiter auf der Fährte stehen, zweien andern an in die Brandfläche hineinragenden Waldzungen Posto fassen, und birschte dann selbst, im Vertrauen auf den Büchslauf meines Drillings, mich an. Dank dem Winds= geräusch gelang es mir bis auf etwa 70 Gänge an die Elchgruppe heran zu kommen. Vor mir stand nun der prächtige Schaufler mit schneebedecktem Rücken; sein Körper war zum Teil von einem angebrannten Baumstumpf verdeckt, sein Kopf mit dem Geweih aber hob sich scharf vom weißen Hintergrunde ab. Die andern Elche lagerten noch immer im Schnee, und die stehende Kuh schickte sich eben an, sich zu betten: sie fuhr mit dem Windfang auf dem Schnee umher, schnaubte dann, drehte sich etwa dreimal auf dem Platz herum, neigte das Haupt, kniete vorn nieder, legte sich auf die Seite, bog wie ein Hund die Hinterläufe zu den vordern und ließ dann ihren Kopf auf dem Körper ruhen. — Zu allen Heiligen flehend und die Schneeschuhe vorsichtig und geräuschlos vorschiebend, gleite ich zu einem mich deckenden Wurzelballen, nehme meine Kopfbedeckung ab und hebe den Kopf über den Rand des Wurzelballens. Der Hirsch steht mit gesenktem Kopfe da, die Lauscher hängen zur Seite hinab, als wollten sie jeden Laut auffangen, und die breiten Schaufeln decken wie ein chinesischer Fächer den Kopf vor dem treibenden Schnee. Lange jedoch läßt die Leidenschaft mich dies herrliche Bild nicht genießen. Ich stelle auf den Büchslauf ein, schiebe das Gewehr auf den Wurzelballen, nehme auf's Blatt ab, — und scharf doch nicht laut tönt der Schuß. Ich seh den Hirsch vorn zusammenknicken, spanne nochmals den rechten Hahn und gebe den zweiten Schuß. Nun höre ich es brechen und sehe durch den Pulverdampf einen Elch auf mich zu flüchten. Rasch habe ich den linken Hahn gespannt, enthalte mich aber des Schießens, weil ich erkenne, daß der bis auf 15 Schritt herangeflüchtete Elch ein Kuh= kalb ist, welches vor mir stutzt, sich wendet und seinen Genossen nacheilt. Gleich auch höre ich zwei Schüsse meiner Gefährten. Ich gehe nun an meinen Hirsch heran, der mit den Läufen um sich schlägt und vergebens hoch zu kommen sucht, bis einer der hinzugekommenen Gefährten seinen Leiden ein Ende macht. Seine Schaufeln zeigten neunzehn Enden. — Meine Begleiter hatten eine Elchkuh krank ge= schossen, die am nächsten Tage, von meinen Laikis gestellt, erlegt wurde."

19. Die Jagd mit dem Ruf.

Diese zur Brunftzeit angewandte Jagdart, das Anschreien der Elchhirsche, gehört nach Versicherung der Elchjäger, zu den aufregendsten und reizvollsten. Früh an einem kühlen August= oder Septembermorgen, wenn noch nächtlicher Schatten im Walde lagert, horcht man in der Nähe der vorher erkundeten Brunftplätze, ob nicht bereits der tiefe und kurze grollende Schrei eines Elchhirsches die Waldesstille durchbricht. Ertönt er endlich in der Ferne, so antwortet man ihm mit dem Lockruf, und eifersüchtig naht der Geweihte. Schon vernimmt man sein Anstreichen und Brechen im Gebüsch, noch ein paar verhaltene Lockrufe, und vor dem fieberhaft erregten Jäger zeigt sich die mächtige Gestalt des betörten Waldes= recken. Ein scharfer Knall, — und aufatmend hört man das Zusammenbrechen und Schnellen des flüchtig abgegangenen totkranken Hirsches.

Weiß man, in welcher Gegend ein Brunftplatz liegt, sei es, daß man das Schreien eines oder mehrerer Hirsche, etwa nach Sonnenuntergang, verhört, oder wahrgenommen hat, wo sie Büsche frisch zerschlagen oder Gruben im Erdreich ausgeworfen haben, so stelle man sich bei stillem und klaren Wetter etwa eine Stunde vor Sonnenaufgang dort an. Die Hirsche melden freilich auch in der Abenddämmerung etwa eine halbe oder dreiviertel Stunde lang, und kann der Jäger auch um diese Zeit sein Heil versuchen. Jedoch ist die Morgenzeit in vieler Beziehung vorzuziehen, schon weil das Melden dann länger, und zwar ein bis zwei Stunden lang dauert. Zweckmäßig ist es, einen des Lockens kundigen Mann mitzunehmen, welcher sich etwa 20 bis 30 Schritt hinter dem Jäger zu halten und dem schreienden Hirsche zu antworten hat. Am besten wird der Schrei eines geringeren Hirsches und nicht etwa eines Kapitalen nach= geahmt, weil auf solchen Schrei sowohl ältere als jüngere Hirsche herankommen. Hört man den Hirsch sich nähern, so antworte man ihm solange, bis er sichtbar wird, sei aber im Ganzen mit den Lockrufen eher sparsam als verschwenderisch. Zögert der Hirsch mit dem Herbeiziehen, was besonders dann der Fall, wenn er Mutter= wild bei sich hat, so breche man geräuschvoll Aeste, was ihn nicht selten bewegt, kampflustig und zornig näher zu kommen. Hat das Geräuschmachen keinen Erfolg, und scheint sich der Hirsch, statt näher zu ziehen, gar zu entfernen, so versuche man es mit dem Anbirschen, wobei das Locken und Aesteknicken fortgesetzt wird. Als letztes Mittel hilft mitunter die Nachahmung des wiehernden Schreis, welchen der Hirsch beim Bespringen einer Kuh ausstößt. In vielen Fällen wird man beim Locken statt auf den Platzhirsch auf jüngere Hirsche, Spießer, Gabler und Sechser, zu Schuß kommen, welche als Beihirsche sich in der Nähe des begünstigten Platzhirsches auf= halten und auf die Lockrufe geräuschlos und ohne zu antworten herbeiziehen.

Im Kapitel 2 haben wir angegeben, wie ungefähr der Brunft= schrei eines Elchhirsches klingt. Er läßt sich auch einfach mit Kehle und Mund hervorbringen, wobei allenfalls noch die eine Hand als Schalltrichter oder auch zur Dämpfung gebraucht werden kann. Gewöhnlich aber bedient man sich zur Verstärkung des Rufes und zur Resonanz eines etwa 30—40 cm. langen Schalltrichters aus Birkenrinde, Blech oder andern geeigneten Stoffen, welcher die Form eines Sprachrohrs oder einer Rheinweinflasche hat. Die Hauptsache natürlich bleibt die naturgetreue Nachahmung der in das Rohr hineingehauchten Laute, deren Beschaffenheit und Tonfall sich nur auf den Brunftplätzen gut erlernen lassen.

Aus den nachfolgenden Erzählungen wird der Leser erkennen, welchen Erfolg die dargelegten Regeln in der Praxis erzielen können.

In der „Ochotnitschja Gaseta" vom Jahre 1891 Nr. 15 berichtet Herr A. Shukowski von seiner Jagd im September 1890

auf dem Gute Socha im Kownoschen Kreise des Gouvernements
Wolynsk: „Wir, d. i. mein Gefährte G. und der Waldwärter
Adam, fuhren um 2 Uhr früh aus, mußten aber nach einer Fahrt
von 5 Werst den Wagen verlassen und zu Fuß weiter ziehen. Das war
ein schwer Stück Arbeit, da wir gegen 3 Werst in einem Sumpfe
bis zu den Knien waten mußten und in der starken Dunkelheit
häufig stürzten und stolperten. Schweißtriefend und erschöpft wollten
wir am Ende des Sumpfes uns von der Anstrengung erholen, doch
der Waldwärter mahnte bringend zum Weitergehn. Nach weiteren
zwei Werften erreichten wir in der Dämmerung einen uralten,
großen, aus Erde gebildeten Backofen, der angeblich noch aus der
Mongolenzeit stammte, und setzten uns dort an, während Adam
nach Elchen ausschauen oder aushorchen ging. Nach fünf Minuten
war er wieder zurück und meldete, daß nur etwa eine halbe Werst
weiter das Schreien von Hirschen zu hören sei. Wir deckten uns
nun mit Fichtenzweigen zu, und Adam begann zu locken. Vor uns
befand sich eine Lichtung, und zum Glück war es vollständig still.
Bald hörten wir ein Streichen und Brechen von Aesten, und zwei
Hirsche erschienen auf der Lichtung und verhofften und windeten
dort mit hochgehobenen Windfängen. Dann zeigte sich links von
ihnen eine Elchkuh, und hinter ihr zogen noch zwei Hirsche heran.
Als die beiden ersten Hirsche die Kuh wahrnahmen, begannen sie
stark zu röhren und den Boden mit den Läufen zu schlagen. Nach
einigen Minuten kam schreiend ein starker fünfter Hirsch hinzu,
griff die beiden später erschienenen jüngern Hirsche an und setzte
namentlich einem von ihnen heftig zu, bis beide letzteren zum Rande
der Lichtung flüchteten. Alsdann nahm der Kapitale die zwei zuerst
aufgetretenen Hirsche an, und es entspann sich nun zwischen den
Dreien ein bitterer Kampf, in welchem Geweihstöße mit zornigem
Schreien abwechselten. Einer oder der andre stürzte zu Boden,
wurde aber gleich wieder hoch und drang auf's neue auf die andern
ein. Dieses aufregende Schauspiel spielte sich etwa 50 Gänge von
uns ab, und schon wollte ich meine Büchse sprechen lassen; Adam
aber hielt mich davon ab und riet uns, einfach an die Kämpfer

heranzugehen und dann aus nächster Nähe zu schießen, da die Elche sich um uns nicht kümmern würden. Dann verließ er sein Versteck, hieß uns, ihm zu Seiten zu folgen und flüsterte im Gehen uns zu, wir sollten gleichzeitig schießen. So unglaublich es klingt, — wir gelangten von den Elchen unbeachtet bis auf sieben Schritt an sie heran und nahmen jeder einen der Kämpfer auf's Korn. Gleich= zeitig erdröhnten unsre beiden Schüsse und dann noch zwei weitere Schüsse, die meines Gefährten und des Adam auf den dritten Elch, und alle drei Elche lagen im Feuer hingestreckt. Meine Kugel war hinter dem Lauscher des einen eingeschlagen und hatte den Schädel durchbohrt, die meines Gefährten war in das rechte Licht des andern eingedrungen, und sein zweiter Schuß auf den dritten Elch war ein Blattschuß, während Adams drei Rollkugeln, die er in seinen langen Einläufer geladen, in den Hals gedrungen waren. Zwei der Hirsche waren Sechsender, der dritte, von mir erlegte, ein starker Achtender."

Herr H. Ilges aus St. Petersburg erzählt in der „Deutschen Jäger=Zeitung" Bd. 37: „Mitte September, an einem wunderbaren klaren Morgen, bei 4° Kälte, saß ich auf dem Kreuzungspunkt zweier Schneisen; noch regte sich nichts im Walde, als ich ganz leise, die Hand auf dem Munde, zu locken begann. Kaum daß ich den Schrei zweimal wiederholte, fuhr ich mit gewaltigem Schreck herum, denn ein in meiner unmittelbaren Nähe brechender Ast belehrte mich, daß ein Elch sich mir auf etwa 20 Schritte genähert hatte. Da es noch zu dunkel war, um im Gesträuch die Gestalt des Elches unterscheiden, resp. schießen zu können, legte ich mich unter die starken Wurzeln einer gefallenen Espe, um eventuell von dem Elche nicht überrannt zu werden, und schrie leise weiter. Auf einmal wurde es von allen Seiten rege, vor mir, hinter mir und von beiden Seiten vernahm ich das Schreien der Elche und Brechen des Holzes; — ich lugte mit großer Spannung und Herz= klopfen zwischen den Wurzeln hervor, um die Gelegenheit wahrzu= nehmen, mindestens einem von den sich nähernden Elchen (es waren bestimmt 6 Stück) die Kugel auf's Blatt zu setzen. Der auf meine

Locke zuerst reagirende Elch hatte sich unterdessen mir, wie ich später nachsah, auf 6 Schritt schon genähert, — ich hörte ihn die Schaufeln an die Aeste anschlagen und deutlich die Witterung ein=ziehen, wagte kaum noch zu atmen, und die Büchse an der Backe, erwartete ich den Moment, wo der Elch gleich auf die freie Schneise austreten würde. Da — ich glaubte, der Schlag sollte mich treffen, ging mir der Schuß los, ich lag wie erschlagen in den Wurzeln, und alle Elche gingen zum Teufel. Was war die Ursache? Meinem Jäger, der hinter mir lag und sich bei der großen Nähe des Elchs sehr geduckt hatte, drang beim Niederbeugen des Kopfes eines der harten seinen Gräser direkt in die Nase, so daß er niesen mußte, was mich bei der großen Nervenanspannung so erschreckte, daß ich den Abzug berührte. O, wie habe ich auf deutsch und russisch geflucht, bis der Jäger sehr naiv meinte: „Barin, seien Sie doch nicht so böse, Gott wollte nicht, daß Sie diesen Elch schießen sollten." Daraufhin sah ich den Kerl groß an und mußte lachen."

Sehr anschaulich schildert Herr D. Naryschkin in seinem Buche „Die Elchjagd" eine seiner erfolgreichen Jagden mit dem Rufe. „Gelangt man," so übersetze ich hier seine Erzählung, „in das Brunftrevier und wartet auf das Dämmerlicht, so locke man sobald als möglich. Will dann von den bei einer Elchkuh stehenden Hirschen keiner auf den Ruf herbeikommen, so versuche man sich an einen von ihnen anzuschleichen. Schreien mehrere Hirsche, so birsche man den mit der tiefsten Stimme an, der gewiß auch der älteste sein wird. Ein solches Anbirschen ist nur in der Morgendämmerung möglich und bildet den Hauptreiz dieser Jagd ... Um Mitternacht begab ich mich abermals in den Wald, und als ich mich der Stelle näherte, wo ich bereits am Abend war, hörte ich das anhaltende Schreien mehrerer versammelten Hirsche. In diese leidenschaftlichen Töne mischten sich die schwächern Rufe der Kühe und die kläglichen Laute der Kälber, welchen von den eifersüchtigen Hirschen zugesetzt wurde. Mit einem Worte „es war ein Sodom", wie mein Locker sich ausdrückte. Zum Locken war's jedoch noch zu dunkel. Zuweilen traten Elche so nahe an die Schneise heran, auf welcher ich Büchsen=

licht abwartete, daß ich die Hähne meiner Expreßbüchse spannte, in der Erwartung, gleich werde eines der Tiere aus dem Dickicht vor mir erscheinen und ich vielleicht auf einen gewaltigen Hirsch zu Schuß kommen. Die Schreie, der Lärm und das Brechen dauerten bis zum Frühlicht an, und mir schien, man brauche nur noch fünf Minuten zu warten, um mit dem Locken beginnen zu können. Leider aber begannen die Elche gerade jetzt sich von mir zu entfernen, und nach einigen Minuten vernahm ich ihre Schreie nur noch wie entferntes Froschquaken. Heute wird nichts, meinten meine Begleiter. Mich erfaßte Aerger. Wie, noch ein erfolgloser Gang zu den vielen frühern? Ich beschloß einen Versuch mit dem Anbirschen zu machen und winkte dem Locker, mir zu folgen. Eilig durchschritt ich den Wald in der Richtung zu den gehörten Elchschreien und hielt nach einigen hundert Gängen an: überall hier erinnerten zerstampftes Moos und gebrochene Büsche an die kürzliche Anwesenheit eines Elchtrupps. „Locke!" hieß ich meinem Begleiter. Die ersten drei oder vier Rufe weckten kein Echo, und wir begannen nun lauter zu locken, in der Hoffnung, daß ein stärkerer Ruf durch das Gebüsch bis zu den scharfen Lauschern eines Hirsches bringe. Und in der Tat, zu meiner Freude hörte ich, freilich noch weit, recht weit, eine Antwort. Wir eilten dahin zu, und ich ließ sogar während des Gehens locken. So waren wir etwa eine Viertelwerst vorgedrungen, als vor uns der Schrei eines Hirsches deutlich vernehmbar war. Wir antworteten vorwärts schreitend, und als wir uns soweit genähert hatten, daß alle Modulationen des Schreies zu erkennen waren, begann ich Bäumchen zu brechen und anhaltender zu locken. Jedoch zog der Hirsch nicht näher, und sein seltenes Rufen überzeugte mich, daß er sich bei einer Kuh befinde und sie nicht verlassen wolle. Ich drang noch etwas vor und befand mich dann in einem undichten Birkenbestande mit zum Teil recht starkem Weidengebüsch. Mein Brechen von Gesträuch schien den Hirsch stark zu erzürnen, da er öfter zu röhren begann. Meiner Schätzung nach war ich nicht mehr als etwa 150 Gänge von den Elchen entfernt, und unbedenklich, jedoch sehr vorsichtig, schritt ich weiter, dabei immer ausschauend, ob vom Hirsche nichts zu entdecken. Plötzlich erschallte hinter einem größeren Busch ein Brechen, und ein Gabler, der mich wahrscheinlich längst eräugt hatte, flüchtete erschreckt ins Dickicht. Wieder ein verlorner Morgen, schalt ich mich selbst im Aerger, daß ich dieses Hirschlein nicht bemerkt hatte. Im selben Augenblick erschallten aus dem geheimniß= vollen Dunkel des Gebüsches vor mir die herzzerreißenden Schreie eines Kalbes, dann das Wiehern eines beschlagenden Hirsches. Abermals lockte ich, dazu Aeste brechend, und bald darnach trat eine sehr starke Elchkuh in Sicht. Sie äugte nach meiner Seite hin, bemüht den Wagehals zu entdecken, der so furchtlos sich ihrem Gatten zu nahen wagte. Meine Beine zitterten, ich hörte mein Herz schlagen und die Hände preßten krampfhaft die Büchse. Langsam näherte sich mir die Kuh und wandte sich dann etwa 30 Schritt von mir nach rechts, beständig nach rückwärts äugend. Ihre Auf= regung wurde mir bald klar, da ihr nach ein Kalb folgte. Gierig bohrten sich meine Blicke in die Zweige der Weidenbüsche, und plötzlich sah ich dort auch Geweihenden, — der Hirsch folgte der Kuh. Er zog langsam und gab dabei dumpfe verhaltene Schreie von sich, als ersticke er vor Zorn und Leidenschaft; auf jeden Lockruf meinerseits blieb er stehen und schlug mit dem Geweih den nächsten Baum, beugte alsdann sein Haupt zur Erde und beschnupperte mit dem Windfang die Fährte der Kuh. Nach einigen Schritten zeigte er sich mir in bester Schußnähe, und als sein Blatt von verdeckenden Bäumen frei wurde, berührte ich den Drücker. Nach dem Schuß warf sich der Hirsch herum, machte einige Fluchten und stürzte dann schwer keuchend zu Boden. Nach einigen Minuten war mein Jäger heran und fing den stattlichen Hirsch ab. Es war bereits neun Uhr morgens geworden."

Hier noch die Schilderung einer andern glücklichen Jagd des Herrn N.

„Mehrere Tage hintereinander begab ich mich zu einem dichten Gehölz, in welchem mehrere Elche vermutet wurden, doch schrieen sie in diesem Herbst sehr wenig. An einem frühen Morgen nahte

ich mich einer Stelle, von wo hin und wieder ein Schrei gehört
worden war, und beschloß dort bis zur Taghelle zu warten. Schon
nach einigen Minuten vernahm ich weit vor mir das Geräusch sich
bewegender Elche und freute mich über diesen glücklichen Zufall.
Es begann bereits heller zu werden und das Korn auf dem Gewehr
war erkennbar, doch kein Elchschrei ertönte aus dem Walde. Ich
rückte vor und fing an, leise und vorsichtig zu locken. Nun hörte
man sehr von fern das Geräusch von fortziehenden Elchen, indes
rechts von mir ein Hirsch röhrte und sich mir näherte. Ich antwortete
ihm zwei — drei mal, und als er näher gelangt war, konnte ich
an seiner Stimme erkennen, daß es ein geringer Hirsch war. Ich
beachtete ihn daher weiter nicht, sondern richtete meine ganze
Aufmerksamkeit nach vorn hin, weil ich vermutete, daß dort ein
guter Hirsch mit einer Kuh sei, der mich um so mehr reizen konnte,
als er sehr vorsichtig war und noch keinen Ton hatte hören lassen.
Es war unterdes Tag geworden und die Sonne stand bereits
ziemlich hoch, als ich mich entschloß, dem gehörten Geräusch nachzu=
gehen. Nachdem ich ein kleines Gehölz durchschritten hatte, befand
ich mich an einem Morast, wo ich frische Elchfährten fand. Hinter
dem Morast war ein größeres Dickicht, und hinter diesem lichter
Mischwald. Ich kannte diese Gegend und nahm an, daß die Elche
sich in jenem Dickicht am Moraftrande befänden. Ich machte nun
einen großen Bogen nach rechts, um unter Wind zu gelangen, und
fing dann zu locken an. Nach einigen Minuten vernahm ich im
Dickicht ein Brechen, doch immer noch keinen Schrei. Daher wies ich
den Locker an, stehen zu bleiben und leise zu locken, sobald ich aber
mit der Hand winke, jenen leidenschaftlichen Schrei ertönen zu lassen,
den der Hirsch beim Bespringen ausstößt. Selbst aber rückte ich
rasch etwa 50 Gänge zu einer Stelle vor, wo zu beiden Seiten
Lücken waren. Der Hirsch antwortete noch immer nicht, zog aber,
dem Geräusch nach zu urteilen, sehr vorsichtig näher. Nach zwei —
drei Minuten vollständiger Stille erblickte ich durch die Zweige
ziemlich weit entfernt die Umrisse einer Kuh vor einem hellen
Birkenstamm. Nun lockte ich, indem ich die Hand auf dem Munde

hielt und das Gesicht zurück wandte, und bemühte mich, dem Rufe
einen möglichst leidenschaftlichen Ausdruck zu geben. Als Antwort
kam ein nicht gar ferner dumpfer und zorniger Schrei zurück. Eine
unbeschreibliche Freude erfaßte mich; hatte ich doch nicht vergeblich
den ganzen Morgen der Lösung einer ungewissen Aufgabe geopfert
und wußte nun einen starken und gewitzigten Hirsch in der Dickung
vor mir. Die Aufregung schnürte meine Kehle ein; ich winkte
meinem Locker, der nun nach einigen leisen Lockrufen plötzlich jenen
durchdringenden Liebesschrei ausstieß. Jetzt erzitterte das Gebüsch
unweit von mir, ich vernahm ein stark verhaltenes Orgeln, und
hinter einem Busch schoben Kopf und Hals eines Hirsches sich hervor,
den mein Schuß im Feuer streckte. Es war ein starker Hirsch mit
seltsamem Stangengeweih, wie ich ein solches keinmal mehr gesehen."
(S. T. XI. Nr. 25.)

20. Schusszeichen. Waffen. Verwertung der Beute.

Im allgemeinen läßt sich vom Elch sagen, daß sein Verhalten nach Empfang eines Schusses in einigen Fällen ein anderes ist als etwa das des Rot= oder Rehwilds und er weniger deutlich und auffallend darnach zeichnet als dieses. Auch „klagt" ein verwundeter Elch nur in den seltensten Fällen und wie's scheint etwa nur dann, wenn starke Knochenverletzung vorliegt. Als gutes Zeichen kann gelten, wenn der Elch nach dem Schusse in heftigen Fluchten abgeht; meist überschlägt er sich dann bald und verendet. Ebenso günstig ist es zu deuten, wenn er wie betäubt und taumelnd oder zitternd stehen bleibt; dann ist gewöhnlich ein größeres Blutgefäß zerstört und er bricht, innerlich verblutend, bald zusammen. Verweilt er jedoch bald nach dem Schusse mit gekrümmtem Rücken, so ist der Pansen oder das kleine Gescheide verletzt, er also waidwund und tötlich getroffen. In solchem Falle zieht oder trollt er meist langsam weiter und verhofft mehrfach, und es vergeht in der Regel längere Zeit, ehe er sich niedertut, um zu verenden. Da ist es geraten, ihm erst nach zwei bis drei Stunden zu folgen, um ihn im Wundbett zu überraschen und den Fangschuß zu geben.

Der in Jagdberichten viel erwähnte Kugelschlag ist ein unzuverlässiges Zeichen; bald hört ihn der Jäger, wo das Geschoß nur Luft getroffen, bald wieder nicht, wo die Kugel in's Wild schlug.

Erhält der Elch einen Schuß, während er sich in schneller Bewegung befindet, so ist, selbst bei tötlichen Verletzungen, die ihn bald verenden lassen, kaum ein Zeichnen wahrzunehmen.

Kopfschüsse mit Verletzung des Gehirns, und Hals= und Rückenschüsse mit Verletzung der Wirbelsäule lassen den Elch im

Feuer zusammenbrechen; Schüsse durch's Herz, ebenso Lungen-, Leber- und Milzschüsse, ferner in vielen Fällen ein naher Schuß auf den Stich sind zwar tötlich, doch zieht das Wild in der Regel noch eine Strecke weiter, ehe es sich niedertut. Ist aber etwa nur die Herzspitze allein verletzt oder das Herz vom Geschoß nur gestreift und dabei nur das eine Schulterblatt oder der obere Laufknochen zerschlagen worden, so zieht der Elch, wie auch anderes hohe Haarwild, noch recht weit, und die Aussicht, ihn zu erlangen, ist gering. Noch geringer ist diese Aussicht, wenn etwa nur der eine Lungenflügel, und nicht in hohem Grade, verletzt ist; solche Verletzung hält das Wild nicht auf und heilt nicht selten rasch.

Auffallend ist es, wie wenige Jäger eine richtige Vorstellung von dem Sitz des Herzens im Tierkörper besitzen; vielfach wird derselbe zu hoch oder zu weit nach hinten in der Lungengegend bezeichnet.

Stürzt der Elch nicht im Feuer oder bald nach dem Schuß, so ist es ratsam, nicht sogleich zum Anschuß zu gehen, sondern womöglich eine Zeit lang gedeckt zu verweilen und auf jedes Geräusch, welches das abziehende Wild verursacht, zu horchen. Selbstverständlich untersuche man darnach den Anschuß sorgfältig und peinlich nach Schweiß und dessen Beschaffenheit, nach Schnitthaar, Knochensplittern, Eingriffen u. s. w., um die Art der Verwundung und das weitere Verfahren festzustellen, was alles bei Schnee ungleich leichter auszuführen ist, als bei schneefreiem Boden. Als ein gutes Zeichen gilt u. a., wenn kürzere und längere Schnitthaare gleichzeitig neben der Fährte liegen. Wohl zu beachten ist, daß Streifschüsse ganze Flocken und Haarbüschel abreißen, Schrägschüsse aber mehr Schnitthaar liefern als gerade auftreffende. Etwaige Knochensplitter auf dem Anschuß oder nahe dabei auf der unregelmäßigen Fährte stammen meistenteils von den Laufknochen oder dem Brustbein her, und da wird der Jäger nicht säumen, das Wild bald zu verfolgen und womöglich durch Hunde zu Stand hetzen zu lassen.

Dem verwundeten und noch stehenden oder dem am Boden mit den Läufen schnellenden Elche nahe man sich vorsichtig, um nicht unerwartet angenommen oder geschlagen zu werden. — Der kranke Elch wird von seinen Gefährten im Stich gelassen und verendet lautlos.

Gar nicht selten hört man in Rußland die auffallende Ansicht, der Elch sei durch Schußwunden leicht zu erlegen, also nicht „hart auf den Schuß." Diese Ansicht mag dadurch entstanden sein, daß in Rußland auf den dort üblichen Treibjagden Elche meistenteils auf nahe Distanzen geschossen werden, und dann auch die vielfach gebräuchliche Rundkugel aus glattem Flintenlauf genügend wirkt. Richtiger schon dürfte die Annahme sein, daß je größeren Körper ein Stück Wild hat, desto größere Lebenskraft besitzt es auch und desto stärkere Verwundung ist erforderlich es zu töten. Eine glatt= läufige großkalibrige Schrotflinte mit starker Ladung und Rundkugel, oder besser noch mit einem Witzleben= oder Brenneckegeschoß, kann in der Tat auf einem Elchtreiben in dichtem Busch, wo ein genaues Abkommen häufig nicht möglich und ein Wurfschuß am Platz ist, als eine brauchbare Waffe bezeichnet werden. Auf weitere Ent= fernungen aber mit solcher zu schießen, muß als unwaidmännisch angesehen werden und hat auch wenig Sinn, da ein Elch dann schwerlich gestreckt werden kann und man ihm höchstens nur Qualen und Leiden verursacht. Der Fälle sind nicht wenige, wo man in erlegten Elchen alte Rundkugeln eingekapselt gefunden hat.

In den meisten Fällen wird der gerechte Jäger der glattläufigen Flinte ein gezogenes Gewehr vorziehen, sei es auch eine Büchse älterer Konstruction und größeren Kalibers (11 bis 14 mm.) mit abgeplattetem Langgeschoß, sei es eine kleinkalibrige 8 mm. Repetier= büchse mit $^4/_5$ Mantelgeschoß und 2,5 gr. Blättchenpulver. Auch ein starkgebauter Drilling, etwa aus der Nimrod=Waffenfabrik von Thieme und Schlegelmilch in Suhl, deren Büchsenlauf von 9,8 mm. die 82 mm. lange Patrone mit $4^1/_2$ gr. Schwarzpulver faßt und deren Schrotläufe mit Bolzengeschossen geladen werden können, kann als eine geeignete Waffe für die Elchwildjagd bezeichnet werden.

Vom Elche läßt sich in der Küche alles in gleicher Weise wie vom Rinde verwerten und hat ja auch beider Wildbret oder Fleisch ähnlichen Geschmack. Das Wildbret der Elchkühe ist zarter als das der Hirsche, welches letztere außerdem zur Brunftzeit einen un= angenehmen Geruch und Geschmack besitzt, falls nicht gleich beim Aufbrechen das Kurzwildbret sammt allem Zubehör beseitigt wird. Der Feist ist weiß und fest, das Mark der Knochen von angenehmem Geschmack, die frisch gebratene Leber delikat, und aus dem Geäse und den Lauschern soll sich ein gutes Ragout herstellen lassen. Die russischen und sibirischen Bauern trocknen, salzen oder räuchern das Wildbret zum Wintervorrat, und die Wogulen und Ostjäken genießen die roßen Nieren mit Salz bestreut als Leckerbissen.

Der Promyschlennik (gewerbmäßige Jäger) in Sibirien und im Permschen Gouvernement bewahrt das Wildbret und die Decken der im Winter erlegten Elche im Walde auf, bis der Schnee im März erhärtet und ein Abführen erlaubt. Um den Vorrat gegen Wölfe und Fjällfraße zu schützen, kappt er in Fadenhöhe einen Baum, schält den Stumpf glatt und setzt auf sein Ende eine Platte, auf welche er das zerwirkte und mit der Decke geschützte Wildbret legt. Oder er reinigt eine Stelle vom Schnee, errichtet dort aus Spalthölzern einen Kasten, birgt darin die zerwirkte Beute und beschwert sie oben mit Klötzen.

Die rohen Elchdecken werden in Amerika von den Indianern zu Zeltbezügen und zu Kähnen verwandt. Weißgar gegerbt werden die kürzer behaarten Stücke der Decke in einzelnen Gegenden Ruß= lands, z. B. im Permschen Gouvernement, gleich den Rendecken zu Pelzen gebraucht, die russisch jagà oder dachà heißen und mit dem Haar nach außen getragen werden. Sämischgar gegerbt giebt die Decke ein dickes weiches und zähes Leder, welches mannigfache Verwendung findet und in frühern Zeiten bekanntlich viel zu Kollern und Hosen für das Militair benutzt wurde; bei den chinesischen Soldaten sind noch jetzt Jacken aus Elenleder beliebt.*) Die Haare

---

*) Vielen bekannt dürfte der im Wiener Artillerie=Arsenal aufbewahrte, von Kugelschüssen durchbohrte Elenkoller Gustav Adolphs sein, den er in der Schlacht bei Lützen trug.

geben einen vorzüglichen Polsterstoff, und die Geweihe verwendet man außer als Trophäen zur Zier der Wände noch zu Messer=griffen, Möbelgestellen und dergleichen. Die Knochen endlich finden einen ähnliche Verwendung wie Rindsknochen. Kurz, vom Elche ist ziemlich der ganze Körper nutzbar zu machen.

Der Geldwert eines erlegten Elches schwankt sehr und hängt von der mehr oder weniger kultivierten Gegend, in welcher er erbeutet wird, sowie von seinem Alter, Geschlecht und der Jahres=zeit ab. In einzelnen Gegenden Sibiriens hat die Beute kaum einen Handelspreis, da keine Käufer vorhanden, oder das Wildbret wird nur mit einer bis drei Kopeken für das Pfund bezahlt. In kultivierten Gegenden dagegen und in der Nähe von Städten wird für das Wildbret ungefähr ebenso viel wie für Rindfleisch gezahlt, und kann der Verkauf eines ausgewachsenen Stückes Elchwild 50 bis 60 Rubel eintragen. Der Marktpreis einer rohen Elchdecke ist etwa 3 bis 10 Rubel, und ihre Güte hängt hauptsächlich von der Jahreszeit ab; die Winterdecke ist in jeder Beziehung wertvoller als die Sommerdecke. — Bei einem Elchhirsch käme noch der Wert des Geweihes hinzu, und für einzelne Prachtstücke von Geweihen werden von Liebhabern 100 und mehr Rubel gezahlt.

11

21. Jagdgesetze. Hege. Forstschädlichkeit. Zukunft.

Wir wollen hier die zur Zeit bestehenden Jagdgesetze einzelner
Länder, soweit sie auf den Elch Bezug haben, kurz erwähnen, ohne
uns auf eine Kritik derselben einzulassen. Nur an die in
Rußland bestehende Jagdverordnung werden wir einige Bemerkungen
anknüpfen.

In Britisch-Nordamerika gilt, mindestens für die
Provinzen Ontario und Quebec, das für letztere Provinz im
Jahre 1889 erlassene Jagdgesetz, welches gestattet, das Orignal oder
Moosedeer in der Zeit vom 1. September bis 31. Januar zu jagen,
und zwar ohne Hunde. Ausländer und aus andern Provinzen
Stammende haben einen Jagdschein zu erwerben und dürfen nicht
mehr als zwei Elche innerhalb einer Jagdfrist erlegen. Vergehen
wider diese Verordnungen ziehen Strafzahlungen bis 100 Pf. St.
nach sich.

In den Vereinigten Staaten ist die Jagd auf Elche
vom 15. August bis 15. November gestattet; nur im Staate
Michigan ist für Elche und Rene seit einigen Jahren eine Schonungs-
Periode bis zum Jahre 1911 bestimmt worden. Uebrigens besitzt
jeder Einzelstaat besondere Verordnungen.

In Preußen ist laut Gesetz vom 26. Februar 1870 und
vom 13. August 1897 die Jagd auf Elchhirsche nur im September
gestattet, und genießen Elchkühe und Kälber volle Schonung. Wer
in der Schonzeit jagt, hat 50 Taler Strafe oder Gefängniß zu
gewärtigen. In den Staatswaldungen der Regierungsbezirke Königsberg und Gumbinnen, welche die meisten Elche beherbergen, muß
noch eine besondere Erlaubnis der Regierung eingeholt werden.

Ein Jahres=Jagdschein kostet für Inländer 15 und für Ausländer 40 Mark, ein auf drei Tage gültiger Schein entsprechend 3 und 15 Mark.

In Schweden ist die Schußzeit auf Elche vom 1. bis 15. September anberaumt. Jagd in der Schonzeit zieht eine Straf= zahlung von 150 bis 200 Kronen nach sich.

In Norwegen ist im Jahre 1890 ein neues Jagdgesetz ausgegeben worden und vom 15. Mai 1902 in Kraft getreten, laut welchem das Jagdrecht als ein Grundrecht hingestellt ist. Die Schußzeit für Elche dauert vom 10. bis zum 30. September. Inländer haben eine Gebühr von 20 Kronen für die Jagd mit einem Hunde, und 10 Kronen für die Jagd ohne Hund, Ausländer dagegen eine allgemeine Gebühr von 100 Kronen und noch eine besondere für die Jagd auf Hochwild, namentlich Elche und Rene, von 200 Kronen bei dem Kronlensman zu entrichten, die Quittung auf Verlangen jederman vorzuweisen und außerdem sich mit dem betreffenden Grundeigentümer oder Inhaber des Jagdreviers zu einigen. Dabei dürfen Ausländer keine Jagd auf sogenannten nicht= matrikulierten Staatsgründen ausüben, auf matrikulierten dagegen darf nur je ein Elch, gleichviel ob Hirsch oder Kuh, in jedem District in der Saison erlegt werden. Lautjagende Hunde sind verboten. Vergehen wider diese Verordnungen ziehen eine Straf= gebühr von 200 bis 250 Kronen nach sich.

In Finnland war vom Jahre 1872 bis 1900 die Jagd auf Elche verboten, und nur seit 1898 kann der Gouverneur von Wiborg den Abschuß von Hirschen in der Zeit vom 1. bis zum 8. September n. St. gestatten, wobei die Erlaubnis bis zum 1. August erwirkt sein muß und außer einer Staatssteuer von 25 Mark noch 100 Mark für jeden erlegten Hirsch zu zahlen sind. Jagdberechtigt ist nur der Besitzer eines Reviers von mindestens 1500 zusammenhängenden Hektaren. Für ungesetzliche Jagd wird eine Zahlung von 50 bis 500 Mark Strafe auferlegt und die Beute konfisziert. Ein amtlich festgestellter Wildschaden wird vom Staate vergütet.

In Rußland herrschte in den meisten Gegenden bis 1892 in jagdlicher Beziehung ziemliche Willkür, und die Hoffnungen, welche alsdann auf das Jagdgesetz vom 3. Februar 1892 (zu welchem, beiläufig bemerkt, die Vorarbeiten über 40 Jahre dauerten) gesetzt wurden, haben sich nur in spärlichem Maße erfüllt. Abgesehen von den vielfachen Mängeln und Lücken in jenem Gesetz ist der durchschnittliche Bildungsgrad des Volkes und sein Rechts= bewußtsein noch ein recht geringer. Die Ansicht des gemeinen Mannes, alles was die Natur produziere, insbesondere der Wald und das Wild, sei Gemeingut und unerschöpflich, ist noch zu tief eingewurzelt, und die zur Aufsicht verpflichteten Aemter und Personen verhalten sich zu ihren Aufgaben gleichgiltig und besitzen auch nicht die nötigen Kräfte. — Nach erwähntem Gesetz, das nur für das europäische Rußland und nicht auch für Sibirien gilt, genießen Elchkühe und Kälber absolute Schonung, Elchhirsche aber nur vom 1. Januar bis zum 15. August a. St., und für das Erlegen einer Kuh ist eine Strafe von 50 Rubel, eines Elchkalbes aber, zu welchem der Satz bis zum 31. Dezember des Geburtsjahres gerechnet wird, 25 Rbl. angesetzt. Aus diesen Bestimmungen ergiebt sich indirekt, daß es gesetzlich gestattet ist, männliche Elch= kälber bereits im Alter von 15 bis 16 Monaten zu jagen, was ein sehr bedauerlicher Uebelstand ist. - Für Kurland (und auch Polen) gilt übrigens eine besondere Verordnung, und werden die Schonzeiten dort von der Gouvernements=Obrigkeit festgestellt, oder sollen es werden. Dort genießt der Elchhirsch bisher keine Schon= zeit, und auch Kühe dürfen vom 1. September bis zum 15. Januar a. St., also 4½ Monate lang gejagt werden.

Das Jagdrecht gehört in Rußland dem Eigentümer des Grundes und Bodens zu, und für die Ausübung dieses Rechts ist eine Jahresabgabe von 3 Rbl. zu erlegen.

Das russische Gesetz befreite die Bewohner mehrerer Gouver= nements und Kreise von der eben erwähnten Jagdsteuer, so der Gouvernements Archangel, Wologda, Olonez, Perm, Wjätka, Kostroma, dreier Kreise im Gouvernement Kasan, zweier im Gouver=

nement Nischni-Nowgorod und im Gouvernement Nowgorod und eines im Gouvernement Pskow. Das geschah offenbar in der Annahme, die ärmern Bewohner jener Gegenden bedürften der Jagd zu ihrem Lebensunterhalt. Dieses Privilegium aber erzeugte und befestigte in den dortigen Bewohnern die Ueberzeugung, sie hätten vollste Jagdfreiheit und brauchten sich um das Gesetz überhaupt nicht zu kümmern. In mehreren dieser Gouvernements oder in Teilen derselben, so im Gouvernement Wjätka, Kostroma, Nischgorod, Pskow und in der südlichen Hälfte des Permschen, ist der Boden zum Landbau wohl geeignet und auch die Industrie ziemlich ent= wickelt. Statt aber sich mit dem Landbau und der Fabrikarbeit abzuplagen, zog es der Indigene und Bauer vor, unter dem Titel eines Promyschlenniks lieber durch Busch und Wald zu strolchen und dem Wilde, namentlich auch dem Elchwilde, in jeder Weise nachzustellen. So wurde leider eine große Anzahl Müssiggänger und Jagdproletarier erhalten und hervorgerufen.

In den nördlichsten Gouvernements des europäischen Rußlands und Sibiriens, wo der Indigene tatsächlich auf Jagd und Fischfang angewiesen ist, erhält er ohne Schwierigkeit auch die Erlaubnis, in den ausgedehnten Kron=, Apanage= und Domainenwaldungen zu jagen, und nutzt diese Jagdfreiheit, bei der mangelnden Aufsicht, unbekümmert um die Zukunft und in unvernünftiger Weise derart aus, daß die Klagen über starke und beständige Abnahme des Wildes und der Fische immer häufiger erschallen und tatsächlich die Bevölkerung in vielen dieser Gegenden sich in einer kläglichen Lage befindet.

Alle diese Mißstände, zu denen auch noch die in leichtsinnigster und fahrlässigster Weise erzeugten kolossalen Waldbrände gehören, sind in den letzten Jahren Gegenstand eifriger Erwägung der Regierung und sorgfältiger Beratung verschiedener Kommissionen und Ministerien zwecks Aufstellung eines neuen Jagdgesetzes geworden, und allgemein wird im Reiche die Hoffnung ausgesprochen, dieses künftige Gesetz werde in vieler Hinsicht eine Wandlung zum Bessern herbeiführen.

In welcher Weise der Promyſchlennik, der mit Recht auch häufig Eſchkurätnik, d. i. Fellſchinder, genannt wird, unter dem Wilde und namentlich auch unter dem Elchwilde gehauſt hat und noch hauſt, davon gaben wir im Kapitel 14 bereits einige Proben und erwähnten, wie infolge ſeiner barbariſchen Wirtſchaft die Zahl der jährlich erbeuteten Stücke raſch geſunken iſt.

Das europäiſche Rußland, incl. Finnland, beſitzt gegen zwei Millionen ☐=Kilometer Wald oder 38% ſeiner Fläche, das aſiatiſche aber c. zwölf Millionen oder etwa 43% ſeiner Fläche. Dabei iſt die Bevölkerung, beſonders in Sibirien, bis jetzt ſehr dünn und beträgt in letzterem durchſchnittlich 0,6 Menſchen auf den ☐=Kilometer. Die Wälder aber ſind bis auf einen kleinen Bruchteil keine Kultur= forſten, ſondern wachſen in urſpünglicher Weiſe. Dieſe Verhältniſſe müſſen im allgemeinen als für den Elchſtand ungemein günſtige an= geſehen werden. Wie viel nun der Elche mögen dieſe Waldungen und Waldmoore zur Zeit beherbergen? Von einer genauern Jagd= ſtatiſtik kann in Rußland noch keine Rede ſein, und nur einzelne annähernd zutreffende Daten können uns eine Antwort auf dieſe und ähnliche Fragen geben. Für das erbeutete Haarwild liefert uns die Menge der jährlich auf die größeren Märkte geführten Felle und Decken ſolche Daten. Nach den von N. Turkin und andern zuſammen= geſtellten Nachrichten beträgt die Anzahl des jährlich in Rußland erbeuteten Haarwildes etwa fünfzig Millionen Stück, wovon auf Elche etwa 250000 bis 300000 Stück entfallen. Aus einzelnen hierher gehörigen Berichten erſehen wir auch, daß z. B. die Anzahl der in dreien Kreiſen von den zehn des Gouvernements Wjätka im Jahre 1896 erlegten Elche 124 betrug; im Gouvernement Tomsk wurden im Jahre 1854 — 850, und 1896 — 500 Stück; im Irkutzker Gouvernement 1863 — 361; und in Transbaikalien in der Periode von 1884 bis 1894 jährlich im Durchſchnitt 660 Stück erlegt. Aus den meiſten Teilen des Reiches freilich liegen Angaben über die Anzahl der erlegten Elche überhaupt nicht vor.

Mir scheint nun, daß der gegenwärtige Gesamt=
bestand an Elchen in ganz Rußland auf mindestens
zwei Millionen Stück zu schätzen sein dürfte.

Von einer eigentlichen Hege des Elches in diesen russischen
Waldgebieten kann nicht die Rede sein, höchstens von einer vernünftigen
Schonung, namentlich der Kühe und Kälber, und von einem Schutz
gegen unwaidmännische und übermäßige Verfolgung durch den
Menschen. Aesung findet dieses Wild dort in ausreichendem Maße
und hat vollauf Bewegungsfreiheit, kurz besitzt die nötigsten Bedin=
gungen zu seiner Erhaltung und Vermehrung.

Einer Hege bedürfte es eher schon in einzelnen stärker be=
völkerten Gegenden, wo Reviere mit Elchen als Standwild sich be=
finden und wo die moderne Waldwirtschaft und andre Umstände
ihnen das Dasein zu schmälern drohen, so in Preußen, Skandina=
vien, den baltischen Provinzen, im Bannwalde Bjelowesch und in
nicht wenigen Gouvernements des europäischen Rußlands. Diese
Hege würde bestehen: aus dem Abschuß krankhafter und kümmerlicher
Exemplare, alter zur Fortpflanzung ungeeigneter Hirsche und ent=
schieden gelter Kühe, ferner in der Herbeiführung eines richtigen
Verhältnisses der beiden Geschlechter zu einander ebenfalls durch
Abschuß, schließlich in der Sorge für genügende natürliche Aesung,
besonders im Winter. Als richtiges Verhältnis der Geschlechter
erachte ich es, wenn auf einen starken Hirsch drei bis fünf voll=
jährige Mutterelche entfallen. Selbstverständlich müßte das Gesetz
zu dem Zweck den Abschuß überzähligen weiblichen Elchwildes aus=
drücklich gestatten. Daher erscheint es zweckmäßig, die Abschuß=
oder die Schonzeiten für das eine oder andre Geschlecht nicht durch
eine starre und für längere Dauer bestimmte Verordnung festzulegen,
sondern die Festsetzung dieser Fristen etwa einer Kreis=Kommission
zu übertragen, die in der Lage ist, Uebersicht über den ganzen
Bestand im Kreise zu gewinnen und Vollmacht hat, die Wünsche
einzelner Revierbesitzer oder Jagdvereine, welche auf eine Hege
gerichtet sind, zu berücksichtigen.

Die Jagd auf Hirsche in der Brunstzeit wäre für manche

Reviere einzuschränken oder nötigen Falls auch jede Jagd auf Elche nur etwa auf die drei Monate October, November und Dezember zu verlegen.

Das beste Mittel, einen herabgekommenen Elchstand zu bessern, wird stets eine nicht zu kurze absolute Schonungsperiode sein, und dieses Mittel ist auch bereits mehrfach angewandt und erprobt worden. In Livland beredete in den fünfziger Jahren des vergangenen Jahrhunderts der damalige Besitzer des Gutes Homeln im Walkschen Kreise, Herr v. A., seine Guts= und Reviernachbarn, einige Jahre hindurch die arg verminderten Elche gänzlich zu schonen, und bereits nach 12 Jahren war der Erfolg ein vorzüglicher. Auch sonst sind hie und da in Kur= und Livland Elchschutzvereine geplant und gegründet worden, leider aber nach kurzem Bestehen eingegangen.*) Freilich, alles Hegen und Schonen in einigen kleineren Elchrevieren, die an andre angrenzen und wo die Elche Wechselwild sind, ist vergeblich, wenn es den „getreuen Nachbarn" nicht gefällt. Da nimmt's nicht wunder, wenn in solchen Revieren nur noch Spießer und Gabler erlegt werden und der ganze Bestand von Jahr zu Jahr sinkt.

Leider geschieht an einigen Orten noch schlimmeres. In Livland, und vielleicht noch anderswo, finden sich einzelne — Hubertus sei gelobt, nur einzelne — Großgrundbesitzer, welche unter dem Vorwande, der Elch sei forstschädlich und „fresse ihren Wald", ihn systematisch verfolgen und vernichten, d. h. in eigner Person Hirsche, Kühe und Kälber, sobald sie dem Flintenrohr erreichbar sind, niederknallen oder das durch ihre Buschwächter tun lassen, denen sie dadurch ein schönes Beispiel von Achtung vor dem Gesetz bieten. Mich wundert's nur, daß sie nicht auch schon zu Gift, etwa in der Gestalt vergifteter Salzlecken, oder zu Milzbrandbazillen gegriffen haben. Einige dieser Herren nennen sich auch Jäger; diesen Ehrentitel dürften sie nicht tragen und er müßte durch einen passenderen ersetzt werden.

---

*) Unlängst hat Graf J. A. Potocki in Wolhynien erfreulicher Weise einen Elchpark angelegt; wollten ihm einige polnische Großgrundbesitzer das nachtun, so wäre Hoffnung vorhanden, in Polen das Elchwild allmählich wieder einzuführen.

Ist denn der Elch kein Forstschädling? In gewissem
Sinne und Umfange ist er es freilich. Er verbeißt Knospen und
Triebe von Kiefernkulturen, schält und verbeißt Ahorne, Eschen und
Eichen. Man hat gesehen, wie Elche, gewöhnlich Kühe mit Kälbern,
die Streifen von jungen Kiefernkulturen, ihnen entlang ziehend,
beäsen. Wo nun geschieht dieses meist übertrieben dargestellte und
übermäßig hoch veranschlagte Unheil? Dort, wo die Waldbesitzer
und Förster unvernünftiger Weise und selbst an sumpfigen Stellen,
die keine Kiefern tragen, alle Weichhölzer und Strauchgewächse
vertilgen und in einem gleichsam militairisch gedrillten Kiefernstande,
in welchem kein Weidenbusch, keine Espe oder Birke das Auge
moderner Waldkünstler beleidigen darf, das Ideal der Forstwirtschaft
sehen. Läßt man Jungkiefern-Bestände mit Espen, Weiden und
andern Weichhölzern aufwachsen, so rühren die Elche die Kiefern
nicht an, sondern setzen den Weichhölzern so lange zu, bis sie ein=
gehen, und besorgen gleichsam die Arbeit für den Forstmann. Wohl
zu beachten ist auch, daß die den Elchen zu lieb im Winter gefällten
und von ihnen geschälten Espen ihren vollen Nutzwert behalten.

Darüber, wie das Wohl des Wildes von der Art der Wald=
wirtschaft abhängt, hat man in dem Bannwalde zu Bjelowesch
deutliche Erfahrungen gemacht. Nach dem Hauungsplan war dort
bis zum Jahre 1897 der Schlag=Plänterhieb bestimmt, und nur im
fünften Teile des Waldes wurde der Kahlhieb in schmalen Streifen
ausgeübt. Die gefällten Bäume boten den Elchen im Winter
genügende Äsung; sie scheuten die Nähe der Holzfäller gar nicht,
sodaß man sagen konnte, daß wo ein Baum krachte, auch schon der
Elch da war. Der durch das Pläntern lichter gewordene Bestand
lieferte im Frühling Stockausschläge, Wurzeltriebe u. s. w., und
die Lichthölzer, wie Birke, Espe, Eiche und Kiefer, entwickelten sich
besser, sodaß die Elche auch im Sommer reichlich versorgt waren.
Als nun im Jahre 1897 das Pläntern im vier fünftel Teile des
Forstes eingestellt wurde, ging es mit dem Elchbestande wegen
ungenügender Äsung stark abwärts, und es zeigten sich immer mehr
Kümmerlinge und gelte Kühe. Auf den frühern Plänterschlägen

wurde der Jungwuchs durch die sich stark ausbreitenden Kronen der nachgelassenen Stämme verdunkelt und gehemmt, die Lichthölzer, vor allen die Espe, wurden durch Fichten verdrängt, und die Elche machten sich nun notgedrungen an die Kiefernkulturen oder verließen einfach den Forst.

Also meine Herren Waldbesitzer mit Elchständen, gebt und gönnt dem Elche, was des Elches ist, und von Waldschädigung wird dann nicht viel Gerede sein! Kein Tier ist rechtlos oder sollte als solches behandelt werden! Wir haben es nicht mit einem Schädling zu tun, sondern mit einem merkwürdigen vornehmen Nutzwilde, das keine Ausgaben für Hütung, Wartung und Kunstfutter erfordert und keinen Wildschaden wie der Rothirsch in Deutschland verursacht, uns aber ein vortreffliches Wildbret und reizvolle Jagden schafft.

Zum Schluß spreche ich die Hoffnung aus, daß der Elch noch für unabsehbare Zeitspannen der Z u k u n f t uns erhalten bleiben wird. Dafür spricht, daß diese Wildart es verstanden hat, viele ihrer ursprünglichen Zeitgenossen unter den großen Säugern bis zur Gegenwart in einer stattlichen Anzahl von Individuen zu überdauern, fast unverändert in Gestalt und Wesen, dafür sprechen ihre große Widerstandskraft gegen klimatische Einflüsse und ihre nicht geringe Vermehrung durch die Fortpflanzung. Hinzu kommt noch, daß der Elch in zweien riesigen und waldreichen Länderstrecken, in Sibirien und Nord-Amerika, auf Jahrhunderte oder auch Jahrtausende eine ihm zusagende Pflanz- und Schonstätte besitzt. Und wird ihm einst auch dort durch die immer weiter in die Wildnisse dringende menschliche Kulturwirtschaft das Dasein eingeengt, so werden sich gewiß auch rechtzeitig einsichtige Regierungen und Landbesitzer finden, die dem Elche eine Freistätte wahren und bieten, so werden ihm auch dann Gönner und Beschützer erstehen, wie er sie in der Gegenwart nicht wenig hat und wie er es verdient.

22. Waidmannssprache. Litteratur.

In der deutschen Waidmannssprache wendet man für den Elch und die Jagd auf ihn größtenteils die beim Rothirsch gebräuchlichen Ausdrücke und Benennungen an. Der männliche Elch heißt also in Deutschland Elchhirsch, der weibliche Elchtier oder einfach Tier und je nach Alter und Umständen Schmaltier, Alttier, Muttertier, die Kälber aber Hirschkälber oder Elchwildkälber. Statt dieser Bezeichnungen für den weiblichen Elch und das weibliche Kalb habe ich Elchkuh, Jungkuh, Altkuh, Mutterkuh, ferner Kuhkalb gebraucht, um das farblose und außerdem auch als allgemeiner Begriff benutzte Wort „Tier" und seine Zusammensetzungen dem Rotwild zu überlassen. Ich empfehle das auch meinen einheimischen Waidgenossen, um so mehr, als wohl in allen Ländern, welche Elche beherbergen, ausgenommen Deutschland, der Ausdruck „Elchkuh" allgemein gebraucht wird.

Der Elchhirsch heißt, wenn er abgeworfen hat, Kahlhirsch, hat er aber auf, so ist er ein Spießer, Gabler, geringer, starker, kapitaler Hirsch oder Schaufler. Falls das Geweih aber keine Schaufeln, sondern ausgesprochene Stangen und Enden hat, so empfehle ich den Ausdruck „Stangler" statt der weitläufigen Umschreibung: Hirsch mit Stangengeweih.

Der Elch besitzt Lichter, Lauscher, Geäse, Windfang (Nase), Lecker (Zunge), Bart (Kehlsack), Wedel, Waibloch, Läufe, Afterklauen oder Geäfter, ferner Fett oder Weiß, Haut oder Decke, Geräusch (Lunge, Herz oder Leber), Wanst oder Pansen, Gescheide (Darm). Der Elchhirsch hat eine Brunftrute oder ein Feuchtglied, einen Pinsel, das Kurzwildbret (Hoden); die Elchkuh aber ein

Feuchtblatt und ein Gesäuge. Die Elche ziehen (Schritt), trollen (Trab) und flüchten (Galopp); sie wechseln ein und aus, machen Fährte, tun sich nieder, stehen im Revier, rinnen (schwimmen), überfallen Gräben und andre Hindernisse, nehmen Aesung oder äsen sich, schöpfen Wasser oder trinken oder tränken sich, lösen sich (daher Losung = Excrement), nässen oder feuchten, suhlen sich. Sie sind vertraut, werden hoch oder rege gemacht, werfen auf (stutzen), sichern, schlagen mit den Läufen auf, winden (wittern), verhoffen, äugen, brechen durch die Treiber oder aus dem Triebe; sie schränken im Ziehen oder Trollen, machen Beitritte, blenden (wenn die Hinter= läufe in den Abdruck der Vorderläufe treten) und machen Wiedergänge. Der Elchhirsch fegt und schlägt sein Geweih, hat es vereckt, tritt in die Brunft, schreit, röhrt oder orgelt, kämpft die Gegner ab, forkelt sie, treibt die Elchkuh, besteigt oder bespringt sie, beschlägt sie und fällt ab. Die Kuh geht beschlagen oder hochbeschlagen, setzt ein Kalb und mahnt (warnt oder ruft) es. Nach dem Schuß zeichnet der Elch, stürzt, bricht zusammen, schnellt mit den Läufen, erhält den Fangschuß, endet oder verendet im Wundbett. Er wird gelüftet, aufgebrochen, abgedeckt oder aus der Haut geschlagen und zerwirkt. Er fällt oder geht ein (an Krankheiten). Die Elche stehen oder ziehen in Rudeln oder Trupps.

In den russischen Ostseeprovinzen gebrauchen die Jäger älteren Schlages noch vielfach „Elchboll“ oder „Elchbulle“ für Elchhirsch, und „Geestkuh“ für Geltkuh. Auf der Hetzjagd oder der Jagd mit Bracken wird oder wurde in Kurland der Elch mit „Halant“ „berufen“, auch wird statt des in Deutschland gebräuchlichen Rufes „Harro“, wenn Haarwild in Sicht, „Wachti“ gerufen.

Die vom Verfasser zum Teil benutzte, allerdings nicht voll-
zählige Litteratur über den Elch ist folgende:

F. A. J. Wangenheim. Naturgeschichte des Preußisch-
Litthauischen Elch- Elen- oder Elendthieres. 1795.

J. G. Bujack. Naturgeschichte des Elchwildes. Königsberg. 1837.

J. F. Brandt. Beiträge zur Naturgeschichte des Elens in
Bezug auf seine morphologischen und paläontologischen Verhältnisse.
St. Petersburg. 1870.

I. D. Caton. The Antelope and Deer of Amerika.
II. Edition. New-York. 1877.

Th. Köppen. Die Verbreitung des Elenthieres im
europäischen Rußland. St. Petersburg. 1883.

R. v. Dombrowski. Die Geweihbildung der europäischen
Hirscharten. Wien. 1884.

Dr. W. Blasius. Das Elch. Wien-Leipzig. 1887.
(Abbruck aus R. v. Dombrowski's Encyklopädie der gesammten
Forst- und Jagdwissenschaft).

F. Wildhagen. Die Jagdthiere Rußlands. Sonders-
hausen. 1897.

A. Silantjew. Obsor promysslowych ochot w'Rossii.
(Ueberjicht über die gewerbmäßige Jagd in Rußland). St. Petersburg. 1898.

Die hohe Jagd. Verlag von P. Parey in Berlin. 1899.

Oberländer. Durch norwegische Jagdgründe. Neudamm.

D. Naryschkin. Ochota na lossey (Die Elchjagd).
St. Petersburg. 1900.

N. Turkin und K. Satunin. Sweri Rossii (Das
Haarwild Rußlands). Moskau. 1900.

Ferner verschiedene Aufsätze und Mitteilungen in folgenden Zeitschriften:

Priroda i ochota (Natur und Jagd). Moskau.

Baltische Waidmannsblätter. Riga.

Zoologischer Garten. Frankfurt a. M.

The journal of the Linnean Society.

Deutsche Jäger-Zeitung. Neudamm.

Wild und Hund. Berlin.

Baltische Monatsschrift. Riga.

Psowaja i ruscheinaja ochota. Tula.

Zoologisches Zentralblatt pr. 1890—1892.

Tafel I.

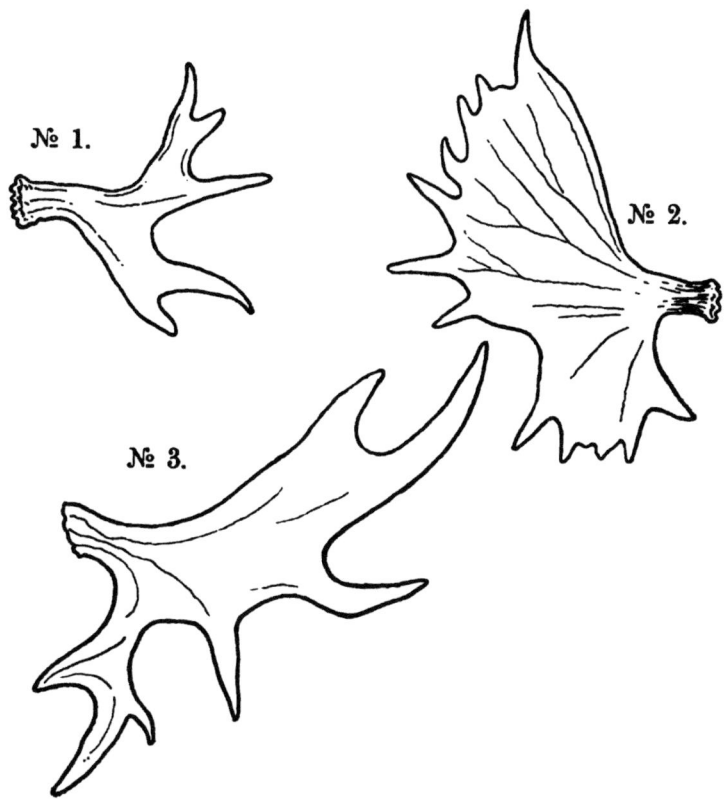

№ 1.

№ 2.

№ 3.

Foſſile Elchgeweihe.

№ 1. In Rußland gefunden, in Petersburg, in der Kaiſ. Mineralog. Geſellſchaft.

№ 2. In Deutſchland gefunden, im Darmſtädter Muſeum.

№ 3. In Rußland (Eſtland, Kreis Harrien) gefunden, im Privatbeſitz in Reval.

Tafel II.

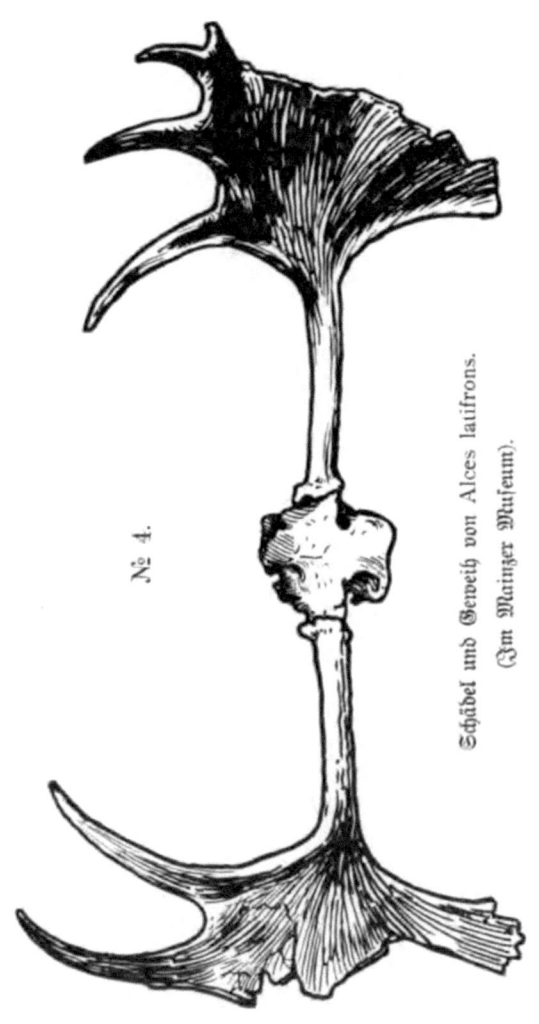

№ 4.

Schädel und Geweih von Alces latifrons.

(Im Mainzer Museum).

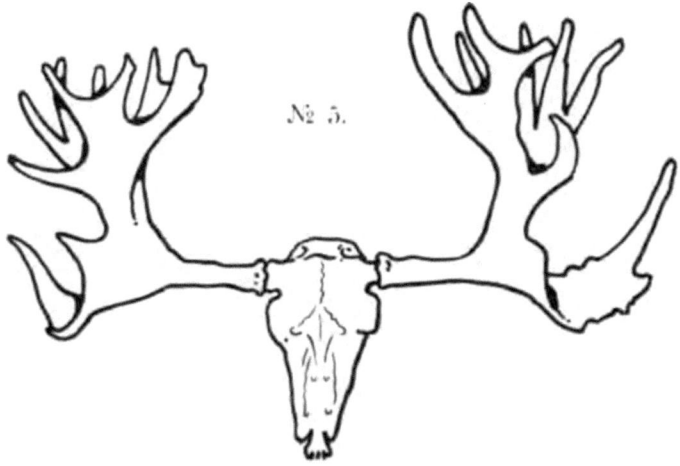

Schädel und Geweih von Alces scotti.

№ 6.

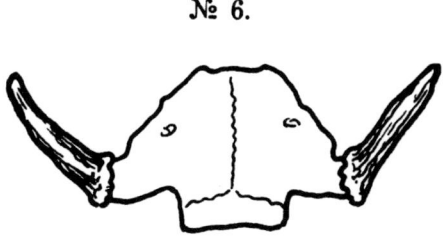

Tafel IV.

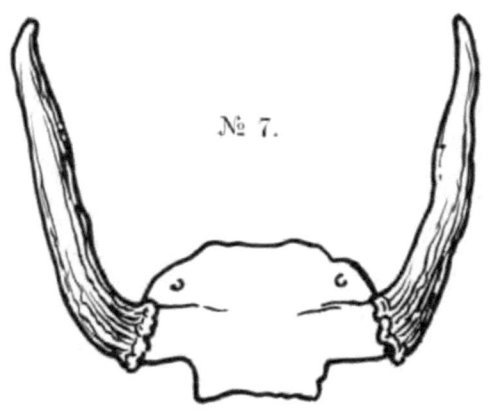

№ 7.

№ 8.

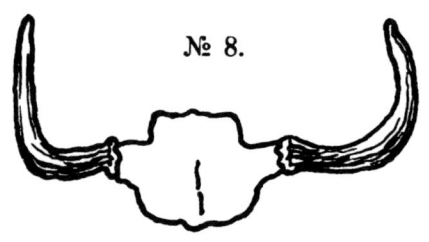

№ 9.

Tafel V.

№ 10.

№ 11.

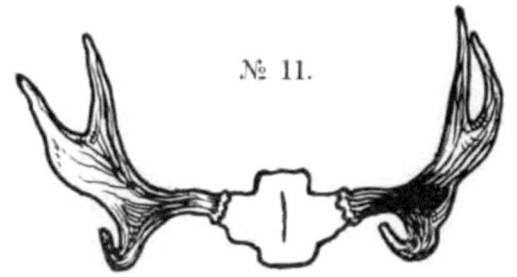

№ 12.

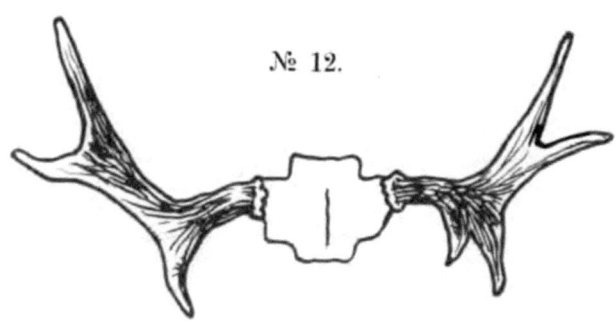

Tafel VI.

№ 13.

(Aus Sibirien).

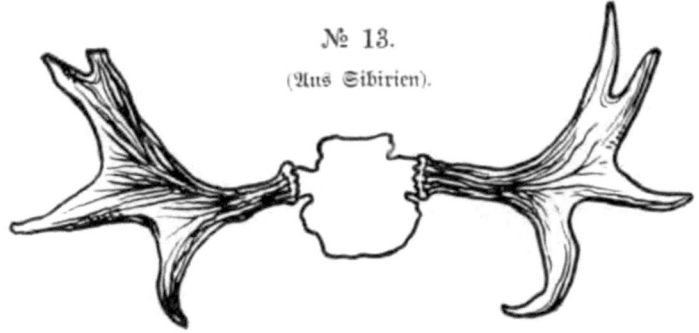

№ 14.

(Aus dem Witebsker Gouv.)

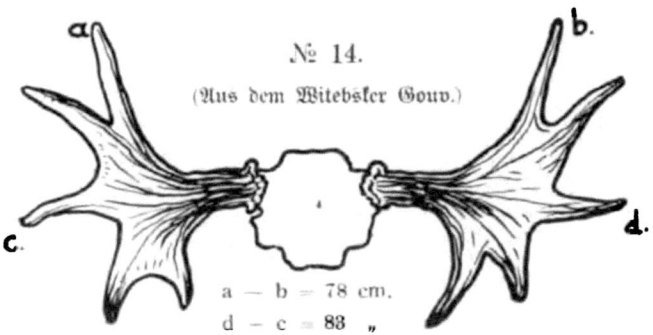

a — b = 78 cm.
d — c = 83 „

№ 15.

(Aus Livland).

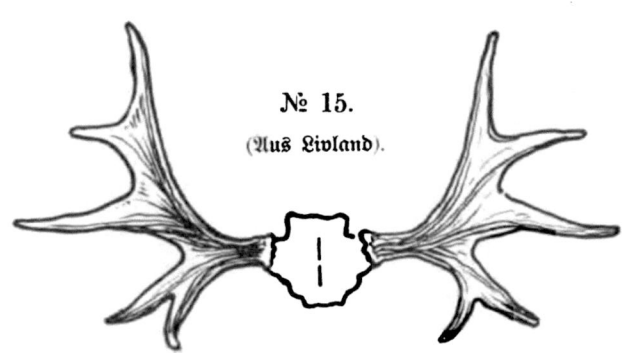

Tafel VII.

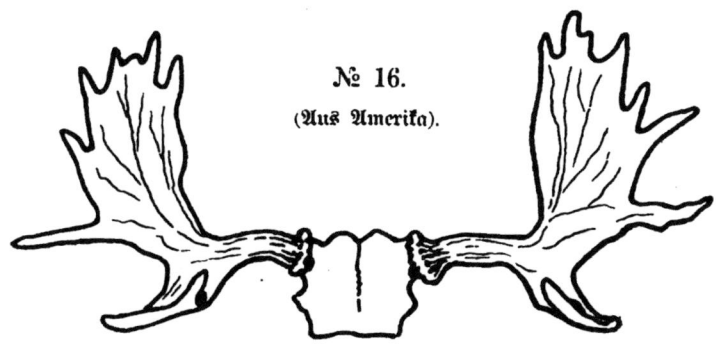

№ 16.

(Aus Amerika).

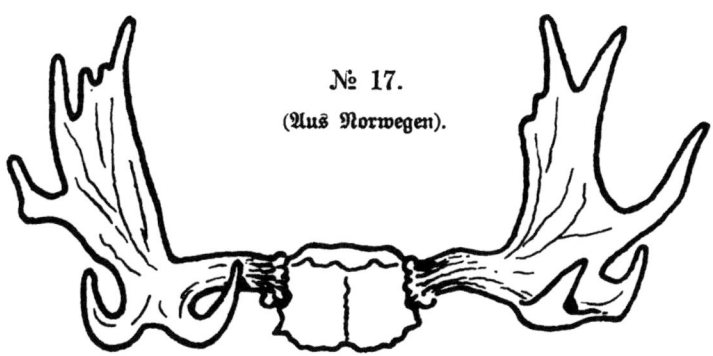

№ 17.

(Aus Norwegen).

Tafel VIII.

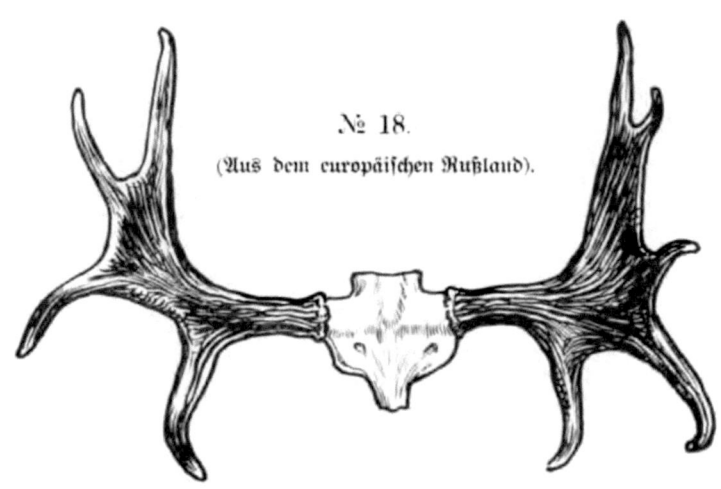

№ 18.

(Aus dem europäischen Rußland).

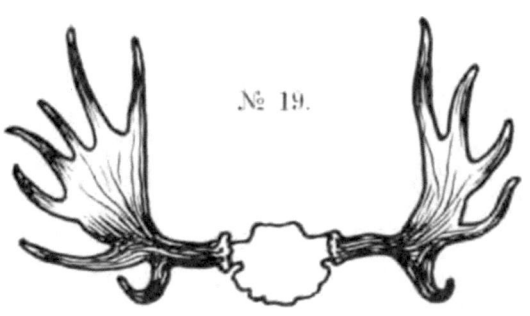

№ 19.

Tafel IX.

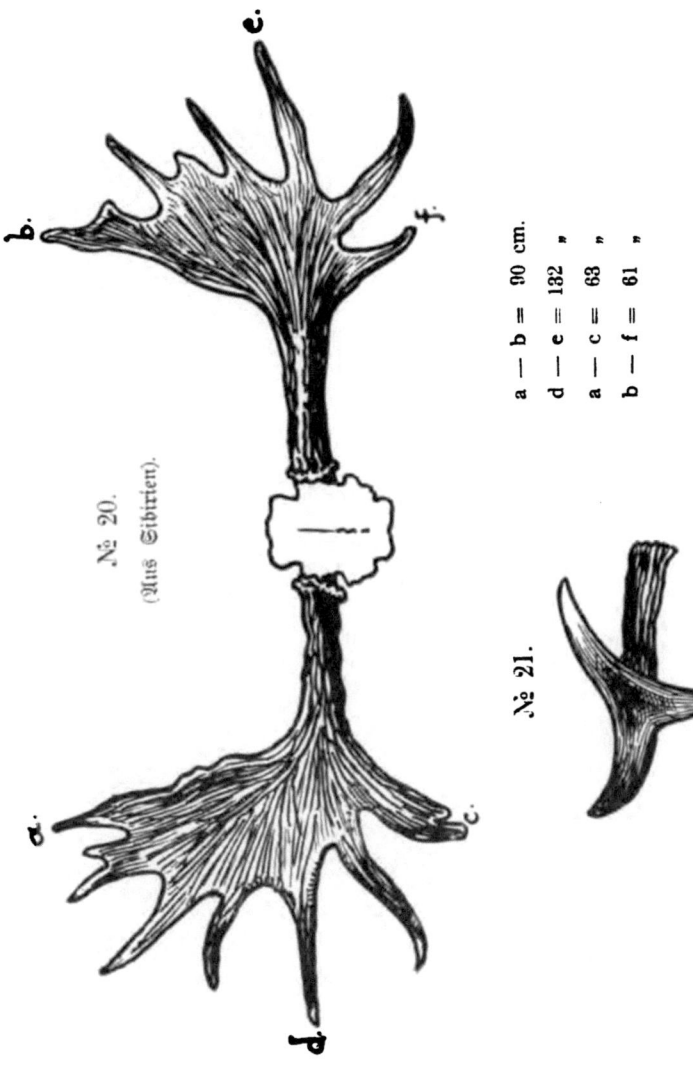

№ 20.
(Aus Sibirien).

№ 21.

a — b = 90 cm.
d — e = 132 „
a — c = 63 „
b — f = 61 „

№ 22.

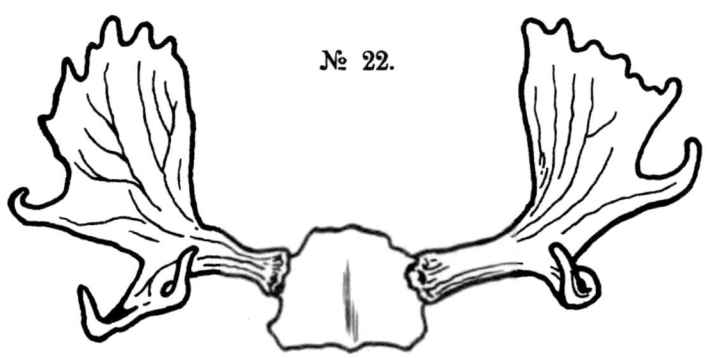

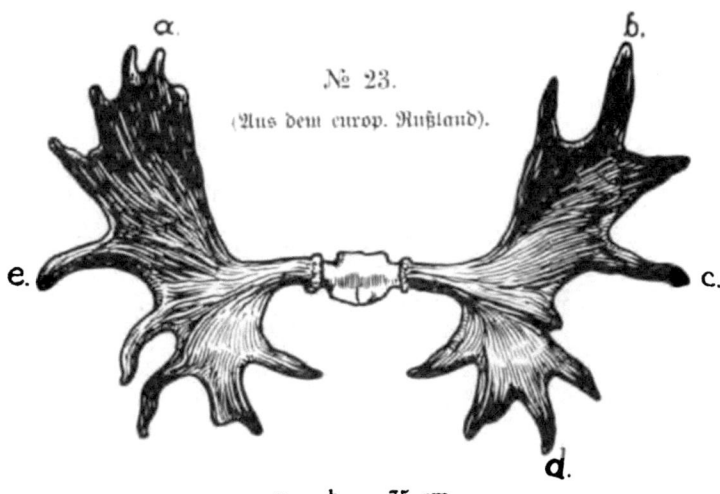

№ 23.

(Aus dem europ. Rußland).

a — b - 75 cm.

e — c = 121 „

b — d = 81 „

Tafel XI.

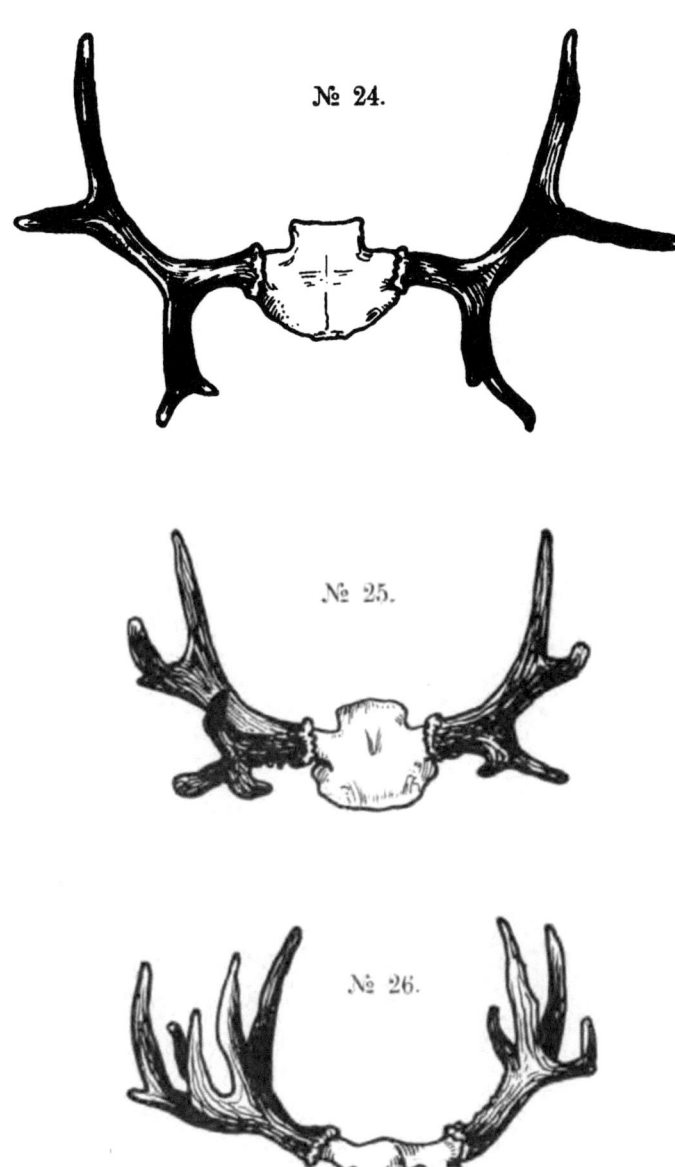

№ 24.

№ 25.

№ 26.

Tafel XII.

№ 27.

№ 28.

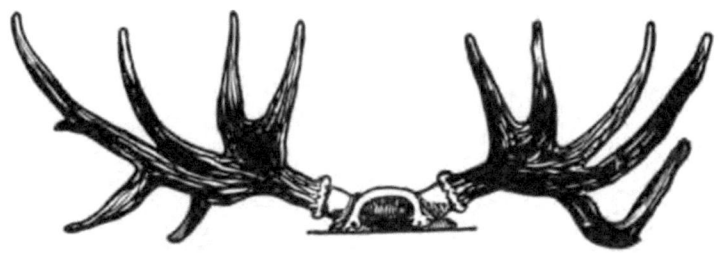

№ 29.

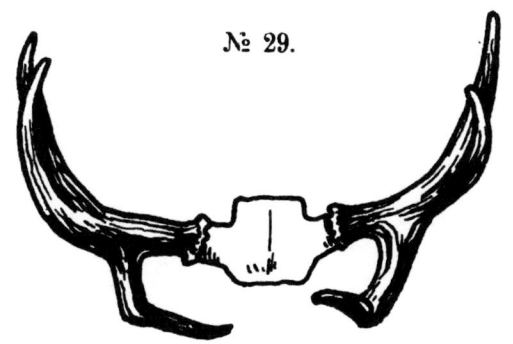

№ 30.

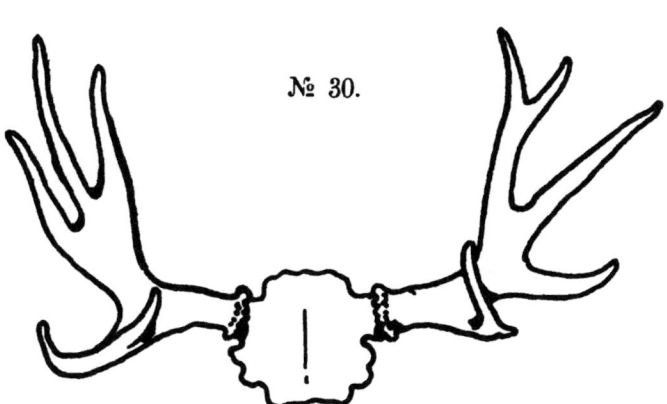

Tafel XIV.

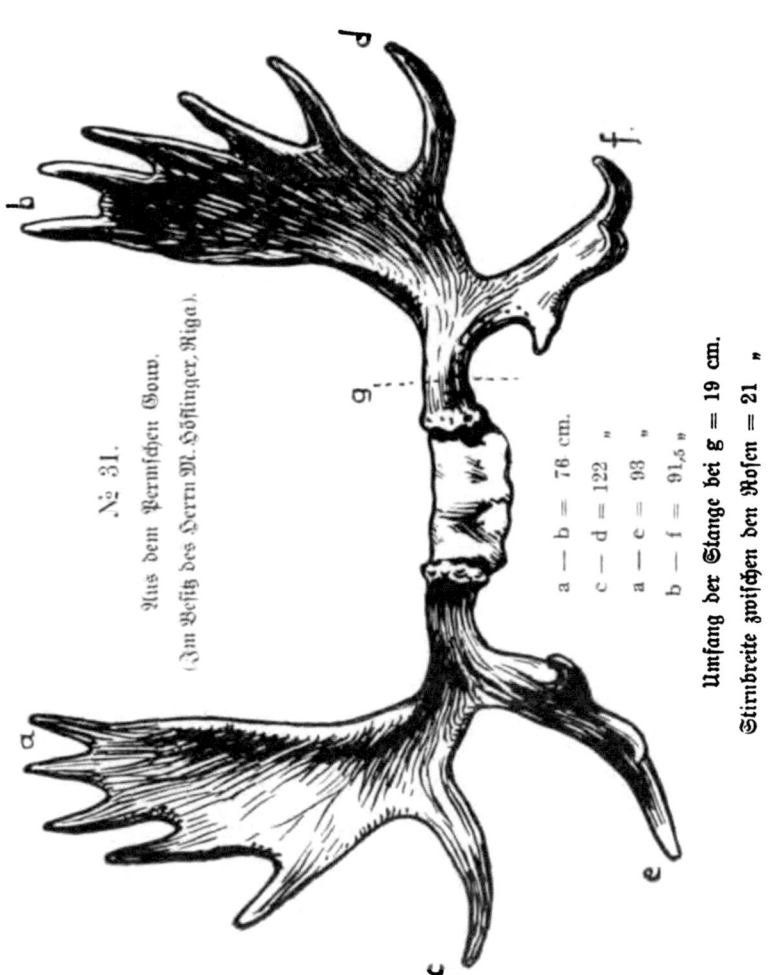

№ 31.

Aus dem Permſchen Gouv.

(Im Beſitz des Herrn M. Höflinger, Riga).

a — b = 76 cm.

c — d = 122 „

a — e = 93 „

b — f = 91,5 „

Umfang der Stange bei g = 19 cm.

Stirnbreite zwiſchen den Roſen = 21 „

Tafel XV.

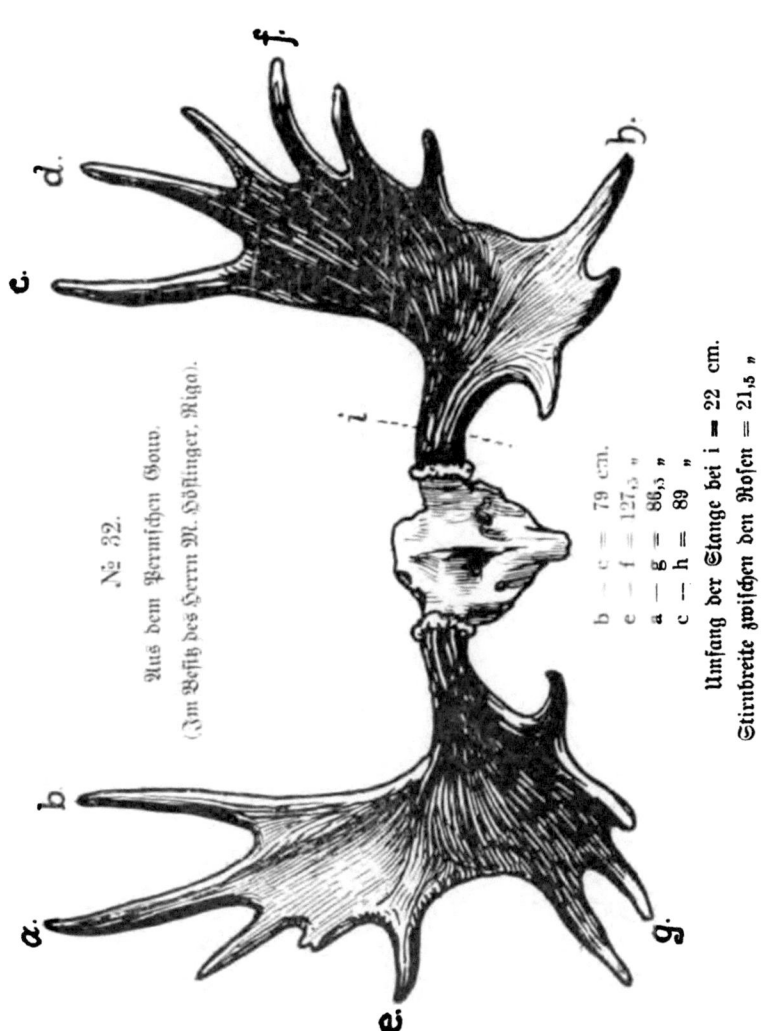

№ 32.

Aus dem Permschen Gouv.

(Im Besitz des Herrn M. Höflinger, Riga).

b — c = 79 cm.
e — f = 127,5 "
a — g = 86,5 "
c — h = 89 "

Umfang der Stange bei i = 22 cm.

Stirnbreite zwischen den Rosen = 21,5 "

Tafel XVI.

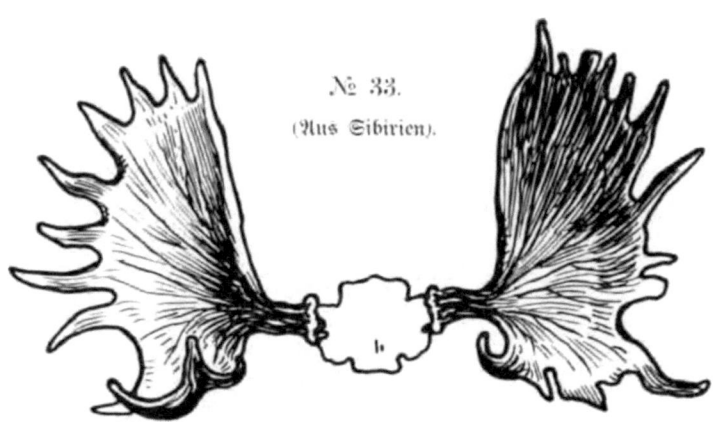

№ 33.

(Aus Sibirien).

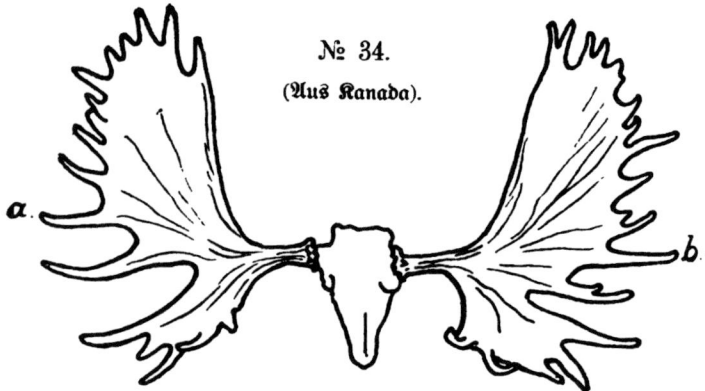

№ 34.

(Aus Kanada).

a — b = 190 cm.